U0623600

全国首批国家级特色专业

市场营销专业本科系列教材

企业定价策略

QIYE DINGJIA CELÜE

■ 编著 周菁华

重庆大学出版社

内 容 提 要

本书内容涵盖企业定价的理论基础、企业定价程序、企业定价方法、价值定价、细分定价、心理定价、产品生命周期定价、价格调整策略、价格策略的实施与管理,每章结束后均附有复习思考题和实践练习题。

本书可以作为高等院校市场营销专业及经贸专业学生的教材使用,也可帮助企业从事定价决策的管理者转变定价观念、掌握先进的定价策略与技巧,最终实现有效的卓越定价。

图书在版编目(CIP)数据

企业定价策略/周菁华编著.—重庆:重庆大学
出版社,2012.9(2024.8 重印)
全国首批国家级特色专业——市场营销专业本科系列
教材
ISBN 978-7-5624-6923-0

Ⅰ.①企…　Ⅱ.①周…　Ⅲ.①企业定价—高等学校—
教材　Ⅳ.①F274

中国版本图书馆 CIP 数据核字(2012)第 181767 号

企业定价策略
周菁华　编著
策划编辑:尚东亮

责任编辑:杨　敏　邓桂华　　　版式设计:尚东亮
责任校对:邬小梅　　　　　　　责任印制:张　策

*

重庆大学出版社出版发行
出版人:陈晓阳
社址:重庆市沙坪坝区大学城西路 21 号
邮编:401331
电话:(023)88617190　88617185(中小学)
传真:(023)88617186　88617166
网址:http://www.cqup.com.cn
邮箱:fxk@ cqup.com.cn(营销中心)
全国新华书店经销
重庆正文印务有限公司印刷

*

开本:787mm×1092mm　1/16　印张:12　字数:228 千
2012 年 9 月第 1 版　　2024 年 8 月第 6 次印刷
印数:8 001—9 000
ISBN 978-7-5624-6923-0　定价:29.80 元

本书如有印刷、装订等质量问题,本社负责调换
版权所有,请勿擅自翻印和用本书
制作各类出版物及配套用书,违者必究

全国首批国家级特色专业

市场营销专业本科系列教材

编委会

主任　何跃

副主任　赵泉午　马智利

委员（按姓氏笔画为序）

万丽娟　尹希果　王春秀　冉戎　花拥军

吴颖　吴永求　张煜　陆远权　陈碧琼

周洲　周菁华　赵红　康庄　魏峰

总序

　　21世纪是中国的世纪，蓬勃发展的经济是中国腾飞和走向世界舞台的重要力量。改革开放已经经历了30年的风雨，这30年来中国经济的飞速发展，取得了举世瞩目的成就。为了适应经济全球化的发展需求，以加入世贸组织为标志，我国对外开放进入了一个全新的发展时期。面对全面开放的市场经济，要想继续维持经济的高速发展，就必须以相应的经济和管理理论作为指导。本套丛书作为全国首批国家级特色专业——市场营销专业的建设成果，分别从广告学、消费心理学、渠道建设与管理、西方经济学、计量经济学等相关学科角度，详细阐述了各个不同领域中，经济管理的相关理论，并加入了具体的案例进行分析和论证，以期读者可以从中借鉴并吸收合理的、有益的成分，以此来发展具有中国特色的经济理论体系和管理学实践，从而为加速我国的现代化建设，改善企业的实际运行状况，提高整体的经济运行水平提供借鉴和参考。

　　广告学、消费心理学、计量经济学、渠道建设和管理等学科都是近几十年才开始引入我国的，由于我国本土的相关理论发展不甚丰富，因此引入国外研究成果，就成了我们编写本套教材的重要内容。同时，由于我国经济发展环境和过程的特殊性，许多成型的理论在我国应用的过程中出现了"水土不服"的现象，这就要求笔者必须在了解现有理论的基础上，根据中国的实际情况，对理论进行调整和修改。他山之石，可以攻玉。列宁说过："睁开眼睛来看资产阶级科学，注意它，利用它，批判地对待它。不放弃自己完整的和确定的世界观。"因此，在我国相关理论发展都尚未完全和从业人员技术水平有限的情况下，我们的经济理论界、管理人员、经营实践者都非常需要全面系统地了解当代经济运行中的广告学、西方经济学、消费心理学、计量经济学、渠道建设和管理等相关学科，以便取其精华，去其糟粕，使我们加快发展，少走弯路。我们编纂本教材的目的,就是为适应这种形势的需要。

本套教材有以下特色:

- 一流的作者阵容。本套教材的作者都是各自领域著名的专家,长期从事国内外相关领域的教学和研究,并有相当长的实际操作经验,历经几年终结硕果。

- 实用和操作并举。本套教材各分册中,在相关理论后,都有强化案例评述,可以使读者在阅读过程中,注重能力的培养。

- 古为今用,洋为中用。本书在阐述相关理论的同时,不是照抄照搬国外的先进理论与经验,同时结合我国经济发展的具体现状,创造性地与我国实际加以联系,在做到理论借鉴的同时,增强了理论的实用性。

- 理论体系完整严谨。每个分册中,都有严谨的理论框架和丰富翔实的内容作为支撑,有效改变了现有多数教材理论框架缺失严重的现状,有助于读者可以更好地理解相关内容。

- 创新特点鲜明突出。各分册有自己的创新点,如广告学教程中,对于广告的市场调查,小众媒体的广告制作,广告效果评估部分进行了创新性的阐述。计量经济学教程中,有大量的扩展知识,可以供学有余力的同学自行深入学习。

最后,由于经济学研究范围广阔,且学科交叉渗透程度不断提高,其理论和在实践中的应用也必然需要不断的发展和完善,再加上我们受知识和实践的限制,本套教材仍然有许多缺失和疏漏之处,在此,我们真诚地希望专家和广大读者不吝给予指正,以便我们不断修订和完善。

编委会
2009 年 5 月

前言

　　定价是产品向利润转化的关键环节,是最有效的利润杠杆。在市场经济的条件下,企业树立怎样的定价目标、选择怎样的定价方法、采用怎样的定价策略,直接关系到企业的市场占有率和企业利润的高低,并影响营销策略组合中的其他因素。因而,企业的各种竞争策略都将在定价决策上得到最终体现。但非常遗憾的是,在实践中许多企业的管理者对财务数据高度敏感,其产生源头——产品定价却往往被忽略。

　　与产品定价决策相关的理论是构成全球商学院营销专业学生专业基础的重要部分,国内高校在20世纪初也相继开设了有关课程,重庆大学市场营销专业定价策略课程则开始于2008年。在4年的教学实践中,通过对定价理论的系统学习和整理、对定价现象的关注与思考以及对教学效果的反馈总结等,积累了一定的素材和经验,特此编写成这本《企业定价策略》。

　　本书首先提出研究目标、研究内容、研究框架等核心问题,然后简要介绍了定价的理论基础,在此基础上探讨了企业正确的定价程序,分析了三种取向的定价方法,接着对价值定价、细分定价、心理定价、产品生命周期定价、价格调整策略作了详细的分析和阐述,最后说明了如何对价格策略进行实施和管理。

　　本书具有如下特点:

　　①根据学生的知识结构重新构建了课程体系。由于本课程讲授的主要理论基础来自于托马斯·内格尔的《定价策略与技巧》一书,但是这本书有相当部分内容与学生的知识容量和结构不相匹配,有的理论阐述与表达也不符合中国学生的思维习惯。因此,本书重新构建了课程体系,并力求表达通俗易懂。

　　②加入了本土化案例的分析。本书保留了参考的各种中译本中大量有代表性的国外企业案例,同时将平时关注、搜集的本土化案例也融入其中,增强了

实际应用的参考价值和说服力。

③注重理论与实践的结合。为了突出所学理论的实用性与可操作性,本书在编写过程中增加了阅读材料、复习思考题、实践练习题等环节,有助于培养学生分析问题、解决问题的能力。

本书受到重庆大学市场营销国家级特色本科专业教材项目的特别资助,在出版过程中得到了重庆大学出版社的大力支持,在此一并表示感谢! 在本书的编写过程中编者查阅了大量文献、借鉴了大量研究成果,在文后以参考文献的方式予以说明。未能准确注明之处,请有关作者指出。由于水平有限,疏漏之处在所难免,恳请各位专家、读者批评指正!

周菁华

2012 年 5 月

目 录

第 **1** 章

导 论

1.1 定价对企业的意义

每一个企业在激烈的市场竞争中为了实现企业目标和企业的可持续发展,都需要根据市场的客观变化,为自己的产品和服务制定价格。在传统的营销4P策略中,价格是唯一能产生收益的营销策略,直接关系到企业的市场占有率和企业利润的高低,并影响营销策略的其他因素。因而,企业的各种竞争策略都将在定价决策上得到体现。正如美国哈佛商学院雷德曼·科里教授所言:"定价是极其重要的——整个市场营销活动的聚焦点就在于定价决策。"

1.1.1 定价的重要意义

1)企业通过产品价格向市场传递服务理念和产品价值,塑造产品在消费群体中的忠诚度和影响力

价格具有多种市场功能:传递企业信息、反映产品价值和技术含量、影响市场供求和诱导消费结构的变化等。同一价格会对不同的消费者产生不同的影响,从而影响他们对产品、品牌及企业的看法和态度。只有产品的价格与其质量、品牌及带给消费者的价值相符合,消费者才会认同产品的价格,作出购买的选择。因而,科学的定价决策在于把握好价格的各种功能,灵活制定产品价格,准确传递产品价值及企业的服务理念,引导市场需求的良性发展,塑造产品在消费者中的忠诚度和影响力,从而达到企业的预期目标,实现企业长期的可持续发展。

2)价格是企业向竞争对手发出强烈信息、表明自己竞争姿态的有效信号

如果势均力敌的竞争对手的一方,突然降低自己的产品价格,这无疑是在向对方宣战,准备从对方手中夺取市场份额。如果一个企业在某行业占有绝对的市场优势,那么它屡屡下调价格的目的可能就不是单纯地扩大市场份额了,而是想要彻底击垮竞争对手,将它们统统赶出行业市场。又有时,有的企业会反其道而行之,宣布提高产品价格,这就不是一种宣战而是对竞争对手的试探。如果其他企业竞相模仿,整个行业就可成功提高边际收益;如果其他企业没有追随,有的企业甚至趁机降价,现行提价的企业一般都会立即恢复到原有价格以免失去市场份额。以上种种现象在各行的市场竞争中都能看到,价格成为竞争对手间传递各种信息的中介和桥梁。研究清楚这些价格信号,对企业积极主动地应对竞争具有重要的意义。

3) 定价水平影响企业的利润水平和市场占有率,关系到企业的生死存亡

企业作为市场经济的主体,承担着多种社会功能;但作为典型的理性经济人,实现自身利益最大化是其基本目标,是实现其他社会职能的基础。对产品如何定价,是企业能否实现利润最大化目标的关键。价格定得太低会失去本来可得的利润,定得太高又会承担失去消费者、失去市场的风险。因此,对产品或服务的定价不仅关系到企业的短期利润,并且会影响到企业的长期生存和发展。不仅如此,科学合理的定价决策还可以将企业"隐藏"的利润挖掘出来,带来企业利润的增长和企业的成长,正如托马斯·内格尔在其经典著作《赢利性决策指南——定价策略与技巧》中所指出的,定价决策实质上是"营销与财务两大职能之间的相互作用,其目的在于寻求顾客价值满足的愿望与企业回收成本并获得预期利润之间的平衡"。

1.1.2 市场竞争环境的变化对传统定价方法与理念的挑战:从"制定价格"到"战略定价"

产品或服务定价是企业重要的管理决策之一,是摆在企业决策者面前最活跃、最难确定的敏感问题。但在传统的定价决策者看来,定价是一件非常容易的事:首先由财务部门核算产品费用或成本,然后将总费用或总成本平摊到每一件产品上,再结合企业确定的目标利润率就可以非常轻松地制定出产品的价格。然而,这样的定价是科学、合理及有效的吗? 事实上,这种定价理念正是"以企业为主体、以产品为核心"的传统市场营销经营哲学的体现,是产品处于卖方市场的产物。然而,随着市场经济的全面发展,市场本身及市场竞争环境也在经历深刻的变革:技术更新速度越来越快,产品平均生命周期缩短,经济全球化使市场竞争的范围及程度加剧,产品日益多样化和差异化,消费者的选择空间越来越大,消费行为越来越理性等。无数案例证明,单纯站在企业自身的角度、完全以成本为导向制定出的产品价格已越来越得不到市场及消费者的认可,这样的定价是徒劳的、无效的。

如今,越来越多的定价决策者意识到定价绝不仅仅是一个数字,而是一系列完整的战略,企业定价决策也正由单纯的"制定价格"向"战略定价"转变。战略定价,要求企业在对营销战略的充分理解和运用、对内外部环境的透彻分析、对影响定价的各种要素深刻把握的基础之上,结合企业相关的营销决策、竞争决策和财务决策,制定出能使企业保证利润及利润增长的产品价格。2000 年,宝洁公司的 CEO 雷弗里将制定"正确的价格"作为 2000 年宝洁公司的最高战略目标之一。公司根据战略定价的思想,对许多产品的价格都进行了调整,如汰渍洗衣粉的价格提高了 8%,Bounty 纸巾的价格降低了 4.5%。宝洁公司对价格的关注收到了立竿见影的效果,在 2000—2001 年财政年度里,尽管企业的销量平平,但净收入却增加了 2%。这一增长部分归功于公司新的价格组合。从那时起,宝洁就将更科学合理的定价看成是其销售、利润和估价增长的原因之一。

中国市场经济的发展时间不长,同时很多企业的市场意识与市场观念没有跟上市场经济的发展步伐,产品与服务的定价仍然停留在传统的主观、随意甚至欺骗性的阶段,价格大战的狼烟在很多行业和地方弥漫。也许,是到了我们的定价决策者应该好好思考如下问题的时候了:

①价格是由企业决定还是由市场决定的?

②成本是否是唯一的价格决定因素?

③由成本决定价格还是由价格决定成本?

④企业价值与客户价值在定价决策时是否是不可调和的矛盾?

⑤价格应刚性还是柔性?

⑥价格是否是唯一的竞争手段?

⑦企业定价应主动应对市场变化,还是等待、模仿、跟进?

1.2　本书的逻辑架构

1.2.1　定价策略的原则及内容

定价策略旨在通过对战略定价的系统理性思考,深刻理解定价战略在市场营销战略中的重要地位,选择、掌握定价方法、策略与技巧,为有效定价提供理论指导。

1)定价策略的原则

定价策略应遵循以下 3 个基本原则:

①价格基于价值。也就是说,产品的价格应建立在给客户带来的某种价值之上,产品价格应与产品价值保持一致。因此,企业必须深入地理解客户的需求,积极为客户创造价值。不仅如此,如何将产品价值准确地传递给消费者,从而影响其价值评判、提高其支付意愿显得更为重要。

②积极主动定价。定价绝不仅仅是简单地制定价格而对市场被动地作出回

应,而应积极主动地管理价格,在传达信息、促成交易的基础上,设计一整套制度、策略,诊断定价问题的真正根源并找到合适的解决方案,影响市场对定价作出的反应。否则,企业会发现自己永远为应对客户和竞争对手的招数而疲于奔命。以下有关定价问题的比较有助于理解主动定价与被动定价的区别。(见表1.1)

表1.1　主动定价与被动定价的比较

被动定价	主动定价
何种定价可以收回成本并完成赢利目标	要从价格变动中受益,需要实现或容忍多大的销量变动给定所能达到的价格,在何种成本情况下才能实现赢利
客户愿意支付什么样的价格	相对于产品为客户带来的价值,我们的价格是合理的吗我们如何才能更好地把价值传递给客户以证明价格是合理的
需要什么价格才能完成销量目标	什么样的销量能让我们实现最大的利润我们应该用什么营销手段来最有效地赢得市场份额

(资料来源:汤姆·纳格,等.定价战略与战术[M].龚强,译.北京:华夏出版社,2008.)

　　③保证利润及增长。任何定价策略的最终目标都是为了保证企业利润及增长。因为企业利润是由利润率与销量共同决定的,这就要求定价决策者在价格与销量之间权衡取舍以实现利润最大化。这种权衡主要表现为两种形式:第一是降低价格以增加销量;第二是提高价格以增加利润率。然而在现实中,很多决策者都不愿作出第二种选择,认为这样会失去客户和市场。事实上,只要我们在定价时能对利润与市场份额作出准确的评估,那么我们就能作出看似艰难的选择,找到使企业长期赢利最大化的利润率和市场份额的最佳组合。

　　2)定价策略的内容

　　定价策略的内容主要包括4个模块(见图1.1):

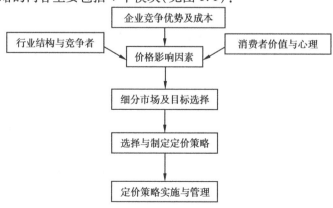

图1.1　定价策略的基本内容

①企业定价的影响因素；

②目标市场细分与定价目标选择；

③定价策略选择与制定；

④定价策略的实施与管理。

1.2.2 本书的逻辑构架

本书首先介绍企业定价的理论基础，从宏观上建立一个企业定价的理论框架；随后介绍企业定价的基本程序，对企业定价的步骤及任务作详细阐述与分析；然后从影响定价的因素出发，介绍3种导向的基本定价方法，对每种方法予以总结性评价；在此基础上，详细介绍价值定价策略、细分定价策略、心理定价策略、产品生命周期定价策略及产品价格调整策略，并对在市场营销相关课程中已经学过的常用定价策略作出归纳和总结；最后对定价策略的实施与管理提出建议（见图1.2）。

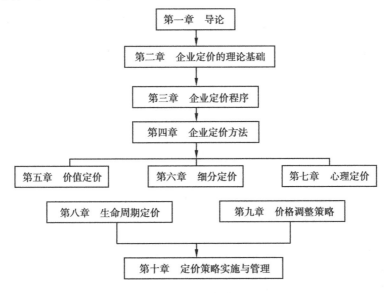

图1.2 本书的逻辑构架

【复习思考题】

1. 为什么说市场营销活动的聚焦点在于定价决策？

2. 请谈谈传统定价观念的局限。

3. 定价策略的基本原则是什么？如何理解？

【实践练习题】

2004 年以来,我国商品房价格逐年攀升,大幅上扬。查找相关资料,思考以下问题:

1. 我国商品房的价格构成是什么?

2. 影响国内房地产价格上涨的主要因素是什么?

第2章

企业定价的理论基础

2.1 价格的本质

价格,作为市场经济最普遍的现象之一,广泛涉及社会经济活动的各个领域,触及市场经济活动中每一个参与者的经济利益细胞。

2.1.1 价格的本质

价格是商品价值的货币表现,是商品与货币交换的比例。价格的本质告诉我们:价值是价格的本质和载体,是决定价格的内在因素;货币是度量价值的尺度,货币价值也会影响价格;价格是度量出来的标志,是价值的表现形式。

【阅读材料2.1】

几种价格理论

影响较大的价格理论主要有劳动价值论、生产费用论、边际效用论和均衡价格论等。它们都认为商品具有价值,但对价值的本质却作了不同的阐述。

劳动价值论认为,商品价值是由劳动创造的,价值是商品的内在属性,从质上看是人类抽象劳动的凝结,从量上看是由社会必要劳动时间决定的。

生产费用论认为,商品价值是由劳动、资本和土地3种生产要素在生产中各自所提供的生产性服务共同创造的,并分别获得相应的收入,即工人得到工资、资本家得到利息、土地所有者得到地租,以作为自身耗费的补偿。这些收入构成生产费用,决定商品的价值。

边际效用论认为,商品的价值是由物品的稀缺性与效用共同决定的,即认为价值并非商品内在的客观属性,而是人对物品效用的感觉和评价。效用是价值的源泉,也是形成价值的必要条件,而稀缺性是形成价值的充分条件。稀缺性与效用相

结合,才是形成价值的充要条件。

均衡价格论认为,商品价格是在供给和需求达到均衡时决定的,均衡价格就是商品的价值,是市场价格围绕波动的中心。

(资料来源:陈峻.中国价格鉴证通论[M].北京:中国物价出版社,1999.)

2.1.2 价格的分类

1)狭义价格与广义价格

狭义价格是指包括农产品、工业消费品及生产资料等有形商品的价格;而广义价格是指在市场上交换的所有商品包括有形商品、服务商品及生产要素商品的价格,其中,服务商品价格主要指运输业价格、餐饮业价格、旅游业价格等,生产要素商品价格主要指资本价格、劳动力价格、土地价格、技术和信息价格等。

2)买价、卖价与成交价

买价是购买者购买商品时愿意支付的价格,卖价是销售者出售商品时愿意接受的价格。一般来说,买价与卖价都是一个区间。买价区间的最高值是购买者愿意支付的价格上限,超过这个价格消费者便不愿意购买商品;卖价区间的最小值是销售者愿意出售的价格下限,低于这个价格销售者便不愿意出售商品。成交价是购买者与销售者交易时达成的价格,在这个价格上,消费者愿意购买,同时销售者也愿意出售。

3)出厂价、收购价、批发价与零售价

这几种价格是根据商品流转的顺序来区分的。出厂价是指工业品生产企业向商业企业及其他企业销售工业品的价格,收购价是商业企业及其他企业向农业生产者收购农产品的价格,这两者属于生产者价格。批发价是批发商业企业向其他企业及个人大批量出售商品的价格,零售价是零售企业向一般消费者出售商品的价格,这两者属于经营者价格。

4)自由价格与管制价格

这两种价格是根据价格形成的方式来进行区分的。自由价格是由生产者自主制定或由买卖双方协商决定的,表现为市场调节价,是市场经济下价格形成的主要方式。管制价格是指商品价格的形成受到政府部门的约束或由政府部门直接制定,表现为政府定价或政府指导价,这种价格形成方式主要适用于某些关系到国计民生的特殊商品,如公用事业价格、原油价格等,以及某些特殊时期,如战争时期等。

2.2 价格机制与职能

价格机制是最重要的市场机制。认识价格机制与价格职能,对更好地发挥价格在市场经济中的作用具有十分重要的意义。

2.2.1 价格机制

1)价格机制的含义

价格机制是指商品价格形成的机理及其运行的内在规律,以及运用其规律管理价格,调节社会经济活动的过程与形式。

2)价格机制的构成

价格机制由价格形成机制、价格运行机制、价格约束机制和价格调控机制4个层次构成。

(1)价格形成机制

价格形成机制是指价格决定机制,即商品价格形成、变化的基本原理。具体来讲,价格形成机制主要指在商品价格形成的过程中,具有直接定价权、间接定价权或价格干预权的政府、经济组织、企业、居民及司法机构的相互关系,其主要内容和核心是价格由谁决定。一般来说,在实行市场经济体制的国家,其价格形成机制是市场形成价格,绝大部分商品的定价权掌握在生产经营者手中;而在实行计划经济体制的国家,其价格形成机制大都是行政形成价格,商品的定价权集中在政府部门。

(2)价格运行机制

价格运行机制是指价格在运动过程中与其他经济要素相联系、对市场和经济运行发挥调节作用的机理。在市场运行中,供求决定价格形成及变动,价格又决定供求变动,两者双向调节。

(3)价格约束机制

价格约束机制是指规范价格合理形成和有序运行并发生作用的机理,其作用对象是全部商品价格及行为主体。主要包括以下内容:

①法律约束。通过与价格及行为主体有关的各种经济立法及其强制功能使价格有法可依、有章可循,从而实现良好的市场秩序和价格秩序。

②经济约束。通过运用各种经济手段,如财政补贴、税收政策、物资储备及相应的经济惩罚措施,引导、鼓励和限制相关的价格行为和价格运行方向。

③行政约束。运用行政手段和行政权力对价格行为主体及其价格行为直接进

行管理、监督、检查等。

【案例2.1】

方便面协会与企业的串通合谋涨价

2007年7月下旬以来,方便面涨价的消息引起社会各界的广泛关注,国家发改委不断收到群众投诉举报和律师来函,反映"世界拉面协会中国分会"及相关企业涉嫌串通上调方便面价格,国家发改委随即立案调查。调查认定:方便面中国分会多次组织、策划、协调企业商议方便面涨价幅度、步骤、时间;印刷会议纪要在《中国面制品》杂志刊发,向全行业传递龙头企业上调价格的信息;通过媒体发布方便面涨价信息,致使部分地区不明真相的群众排队抢购。上述行为,严重扰乱了市场价格秩序,阻碍了经营者之间的正当竞争,损害了消费者合法权益。方便面中国分会和相关企业的上述行为,违反了《价格法》第七条"经营者定价,应当遵循公平、合法和诚实信用的原则",第十四条"经营者不得相互串通,操纵市场价格",第十七条"行业组织应当遵守价格法律、法规,加强价格自律"的规定,以及国家发改委《制止价格垄断行为暂行规定》第四条"经营者之间不得通过协议、决议或者协调等串通方式统一确定、维持或变更价格"的规定,已经构成相互串通、操纵市场价格的行为。国家发改委责令方便面中国分会立即改正错误;公开向社会作出正面说明,消除不良影响;宣布撤销3次会议纪要中有关集体涨价的内容。

(资料来源:根据相关报道作者整理。)

(4)价格调控机制

价格调控机制是指政府为保证价格体制的有效运转,对价格运行进行间接调控而建立的组织原则、方式方法和相关的各种措施,其作用对象是少数重要商品价格和价格总水平。有效的价格调控机制分为两个层次:一是宏观调控体系,主要指运用财政政策和货币政策从经济总量上对价格总水平进行调控;二是调控市场价格的制度,主要指对重要商品、特殊产业的市场价格进行必要的调节。

【案例2.2】

国家宏观调控:"蒜你狠"还能狠多久?

2010年冬春以来,大蒜、绿豆、辣椒等农产品价格大幅上涨。随着农产品涨价潮的出现,一系列诸如"蒜你狠""豆你玩""辣翻天"等网络热词诞生,对"疯狂的菜价"进行调侃。此番农产品价格暴涨,隐藏着一些"神秘"因素,比如大蒜价格上涨之前,有传言说大蒜可防治甲流,而当时正是甲流肆虐之时;而绿豆此次价格上涨前,又有某专家说只要喝煮沸若干分钟的绿豆水,简直可以"包治百病"。因此,农产品成为游资的炒作对象,再加上天气因素导致的减产更加剧了农产品的囤积现象。这些农产品的价格异动虽然对国民经济的影响不大,但关系到人民群众的切身利益,特别是极少数中间囤积商不断释放价格猛涨的信息,对社会通胀预期起到了推波助澜、火上浇油的作用,对稳定价格总水平、安定群众生活等产生了极为不利的影响。2010年5月26日,国务院常务会议全面地分析了农产品价格波动的原因,决定双管齐下,标本兼治:一方面,要求国家发改委、商务部、工商总局组织开展加强市场监管严厉打击炒作农产品行为的专项行动,查处捏造散布涨价信息、恶意囤积、哄抬价格,相互串通、操纵市场价格,垄断货源、阻断流通渠道等违法违规行为;另一方面,国家发展改革委派出十几个调研组到各地进行调研,拟从支持建设蔬菜生产基地、大型农产品批发市场和高效物流体系等方面入手,研究稳定蔬菜等农产品生产和价格的长效机制。

(资料来源:根据相关报道作者整理。)

2.2.2　价格的职能

价格的职能是价格自身所具有的内在机能,由价格的本质决定。在市场经济条件下,价格具有以下职能:

1)表现商品价值

价格是商品价值的货币表现,是用货币这把价值尺度去衡量商品价值的结果。在现实经济生活中,价格的这种表现职能受多种因素的影响,如供求、消费者心理等,因而不一定总是能非常准确地表现商品的价值。但从长期、平均的趋势看,价格总是趋近于价值,并表现着价值。

2)调节经济活动

价格是经济杠杆中最灵敏、最有效的杠杆之一,通过价格的上下波动刺激或抑制某个行业的经济活动,引导社会资源的合理流动,实现资源的最优配置。所以,在利益导向的市场经济中,价格的波动必然会使供求发生变化,从而引起生产者、经营者和消费者行为的变动及其利益结构的变化,使价格成为调节市场经济活动运行的基本手段。

3)传递经济信息

价格作为一种信息载体,通过高低涨落从多种角度传递着经济运行的信息,主要体现在以下三个方面:一是向政府的宏观经济决策部门传递社会总供给与总需求、生产结构、消费水平等方面的信息,为制定适宜的宏观经济政策提供依据;二是向企业传递市场供求、成本、利润等方面的信息,为企业的生产经营决策提供情报;三是向消费者传递有关产品的信息,影响消费者的购买决策并引导购买行为。

4)核算经济效益

在市场经济条件下,任何经济活动都必须讲究经济核算,计量其成本、费用和收益。由于价值无法直接计算,而价格又具有表价的职能,因而价格就必然成为经济核算的有效、便捷工具。企业利用价格核算成本、利润,评价微观经济效益;政府利用价格进行国民经济运行分析,确定各种经济指标,核算宏观经济效益,促使国民经济的健康发展。

2.3 市场价格体系

在市场经济活动中,存在着形形色色的价格,既有消费品价格,也有生产资料价格,还有服务价格、生产要素价格等。如果把各种价格作为一个统一的有机整体放到市场经济运行中去考察,就会发现各种价格之间存在着一种相互联系、相互制约的内在有机联系,这就是市场价格体系。

2.3.1 什么是市场价格体系

价格体系是指市场经济中各种价格及其构成之间相互联系、相互制约的有机整体。市场价格体系如图2.1所示。本书所讨论的价格,主要是指商品价格。

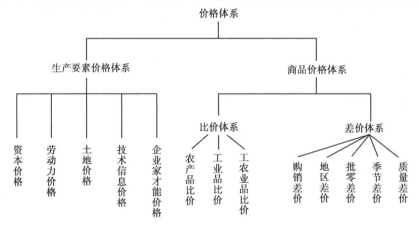

图2.1 价格体系的构成

2.3.2 商品比价体系

商品比价是指在同一市场、同一时间内的不同商品价格之间的比例关系,反映了市场交易过程中交换各方的经济利益,其实质是不同商品价值量之间的比例关系。此外,商品比价还受到市场供求、宏观经济政策、历史价格水平等因素的影响和制约。保持各类商品之间合理的比价关系,对于调整产业结构、优化资源配置、促进国民经济协调发展有重要意义。

1) 农产品比价

农产品比价是指同一市场、同一时间内不同农产品价格(主要指农产品生产者价格)之间的比例关系,可分为农产品单项比价和综合比价。

(1) 农产品单项比价

农产品单项比价是指一种农产品生产者价格与另一种农产品生产者价格之间的比例关系,其计算公式为:

$$农产品单项比价 = 交换品生产者价格/被交换品生产价格$$

交换品是指定价决策分析的商品,被交换品是指用来与所分析的商品进行比较的商品。如分析猪肉的价格,若 1 kg 猪肉的价格为 8 元,1 kg 玉米的价格为 1.2 元,则猪粮比价约为 6.7,这里猪肉为交换品,玉米为被交换品。

【阅读材料2.2】

我国的猪粮比价

在我国,一般来讲,猪粮比价的盈亏平衡点为 6:1。2009 年 1 月 13 日,国家发改委等部门联合出台了《防止生猪价格过度下跌调控预案》,以猪粮比价为依据对生猪价格进行宏观调控。当猪粮比价为 6:1 ~ 5.5:1,进入蓝色区域,表明生猪价格出现轻度下跌,政府要适度采取相应措施:首先要及时发布预警信息,其次在生猪生产连续 4 周处于蓝色区域时,适当增加中央和地方冻肉储备;当猪粮比价为 5.5:1 ~ 5:1,进入黄色区域,表明生猪市场明显供大于求,价格出现中度下跌,生猪生产明显亏损,政府财政开始贴息,并鼓励大型猪肉加工企业增加商业储备。如果连续 4 周处于黄色区域,要进一步增加中央和地方储备;当猪粮比价低于 5:1 时,进入红色区域,表明生猪市场严重供大于求,价格出现重度下跌,生猪生产出现严重亏损,政府需进一步加大扶持力度,在增加储备后,生猪生产仍处于红色区域且同时出现过度宰杀母猪情况时,对国家确定的生猪调出大县和国家确定的优良种猪场按每头 100 元,发放一次性临时饲养补贴。

(资料来源:根据有关材料作者整理。)

(2) 农产品综合比价

农产品综合比价是指某一类农产品的综合价格与另一类农产品的综合价格之

间或若干种农产品的综合价格之间的比例。如经济作物类价格与粮食类价格的比例。计算农产品综合比价,不能简单地采用价格绝对数,而应采用各类农产品的价格指数,计算公式为:

$$农产品综合比价 = 交换品综合价格指数 / 被交换品综合价格指数$$

2)工业品比价

工业品比价是指同一时间、同一市场的不同工业品价格之间的比例关系。实践中,我们主要分析在生产和消费中有重要关联的工业品之间的比价关系,如原材料与成品的比价、主机与配件的比价、替代工业品之间的比价等。工业品比价一般只进行单项比价的计算,其计算公式为:

$$工业品比价 = 交换品价格 / 被交换品价格$$

公式中的价格可以是出厂价,也可以是零售价,但必须上下一致。

3)工农业产品比价

工农业产品比价是指在同一时间、同一市场内工业品零售价格与农产品生产者价格之间的比例关系,它反映着城乡之间、一二产业之间的交换关系。研究工农业产品比价的主要目的是从宏观上考察工农业产品价格的变动趋势,促进一、二产业的协调发展,对具有明显二元经济结构的发展中国家的经济决策具有十分重要的意义。

(1)工农业产品单项比价

$$工农业产品的单项比价 = 交换品价格 / 被交换品价格$$

在经济实践中,政府较为重视、农民较为关心的工农产品单项比价有以下几种:一是农业生产资料与主要农产品的比价,如农药农机与粮棉的比价;二是农民必需的日用工业品与农产品的比价,如棉布、食盐与粮食、蔬菜的比价;三是农产品原材料与工业成品的比价,如棉花与棉布、烟叶与卷烟的比价等。

(2)工农业产品综合比价

①农产品换工业品综合比价指数,通常称其为正指数。

$$农产品换工业品综合比价指数 = 农产品生产者价格指数 / 工业品零售价格指数$$

②工业品换农产品综合比价指数,通常称其为负指数。

$$工业品换农产品综合比价指数 = 工业品零售价格指数 / 农产品生产者价格指数$$

2.3.3 商品差价体系

商品差价是同种商品在市场运行的过程中由于种种因素的影响而形成的价格差额,反映了市场价格运动的纵向联系。常见的商品差价主要有购销差价、地区差价、批零差价、季节差价、质量差价等。

一般来讲,我们研究商品比价主要是基于宏观经济的价格调控与决策,而研究商品差价主要是基于微观经济主体的定价决策行为。

【复习思考题】

1. 谈谈你对价格本质的理解。
2. 简述价格机制的主要内容。
3. 价格与供求是如何进行双向调节、进而影响生产要素的流动的?
4. "按质论价"与"按值论价""按量论价"是什么关系?
5. 你认为同样的商品存在各种形式的差价是合理的吗?
6. 我国价格统计指数的公布和使用为什么要以居民消费价格指数(CPI)为主?

【实践练习题】

查阅《中国统计年鉴》,研究、分析我国工农产品综合比价指数及其变化规律。

第 **3** 章
企业定价程序

对企业来说,定价不是一个"想当然"的产物,也不能单靠经验判断,而是一项系统、复杂的工程。企业必须按照科学、严密的定价程序和方法来制定产品价格,这样才能决胜于市场。一般来讲,企业的定价程序包括确定定价目标、搜集定价资料、进行定价分析、选择定价方法、运用定价策略、价格执行及调整等内容(见图 3.1)。

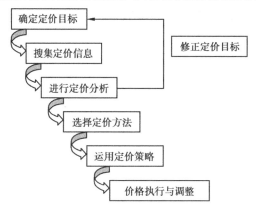

图 3.1 企业定价程序

本章着重介绍企业定价程序的前三个环节,后三个环节在后面相关章节中作详细阐述。

3.1 确定定价目标

所谓定价目标,是指企业在所处经营环境中通过制定产品价格所要达到的目的和期望实现的结果。在企业的价格决策中,客观明确的、切合实际的定价目标是价格决策的前提和首要环节,也是选择定价方法、运用定价策略及执行、评判、调整价格策略的重要依据。

3.1.1 确定定价目标的原则

1) 定价目标应与企业营销组合策略中其他策略的目标相一致,并服从于企业发展的整体战略目标

企业的营销组合策略是一个整体,各策略之间的关系是相互联系、密不可分的。产品(包括核心产品、形式产品、延伸产品和潜在产品,其实质是产品最终能给消费者带来的价值)策略制约着产品的价格——一辆自行车永远也卖不出一辆汽车的价格,产品的价格又影响着分销渠道的建立和促销形式的选择,同时价格本身也可能成为促销活动的手段。因此,定价目标不能游离于其他营销策略目标之外,一个成功的定价决策需要整体营销策略的高度协调与配合。同时,企业的定价目标可以是多层次、有步骤的,但它与其他营销策略的目标一样,是企业整体战略目标的子目标或分目标,因而必须服从于企业发展的整体战略目标,依据具体时期的发展战略目标进行定价决策,使企业在瞬息万变的市场环境中不至于迷失自己的发展方向。

2) 定价目标应该是多样化的,但最终目标是实现利润最大化

在市场经济条件下,各企业的内、外部环境都不尽相同。从内部环境看,不同的企业拥有不同的文化、人才、技术、核心竞争力等;从外部环境看,企业的行业不同,所处的市场环境和市场地位不同,所面临的竞争对手也不同;再加上其他相异的社会环境因素的影响,导致企业的经营目标通常是多样化的。而定价决策作为经营决策的一部分,其目标也应该是多样化的。直接获取利润、扩大市场份额、树立企业形象、打败竞争对手都可以成为企业的定价目标。但是我们应当明白,不管什么样的定价目标,其最终目的都应该是获取利润,实现企业的长远发展。

3) 定价目标应当是动态的

任何定价目标都是在一定的市场环境下作出的,应根据市场变化灵活、及时、恰当地加以调整。企业在确定了一定的定价目标之后,应充分考虑影响定价的各种因素——企业的竞争优势与成本、行业结构与竞争者、消费者价值与心理等的变化情况,准确把握和灵活运用定价目标,并适时对定价目标予以科学合理的调整。

【案例 3.1】

格兰仕的定价目标

格兰仕的历史最早可追溯至成立于 1978 年的广东桂洲羽绒制品厂,但自 1992 年试产微波炉以来便一路高歌猛进,3 年后即创造了微波炉销量中国第一的成绩,1998 年更是成为了微波炉销量的世界冠军。那么,格兰仕是如何在短短的时间里从激烈的市场竞争中脱颖而出,成为行业第一的呢? 这个重要的法宝便是产品价格:1996 年 8 月格兰仕第一次降价,降幅平均达到 40% ;1997 年第二次大幅降价,降幅在 29% ~ 40% ;2000 年 6 月,格兰仕以"五朵金花"系列等中档机为主第三次大幅降价,降幅仍高达 40% ;2000 年 10 月,格兰仕以黑金刚系列等高档微波炉为主第四次大幅降价,降幅也高达 40% 。通过一系列的价格调整,格兰仕基本"摧毁了产业的投资价值",挤走了国内其他的微波炉生产商,同时也使国际大的投资集团失去了在中国投资建立微波炉厂的兴趣,从而赢得了"价格屠夫"的美誉。纵观格兰仕产品定价的全过程,我们可以发现,格兰仕的定价目标非常清楚:利用规模经济所带来的成本优势,通过低价策略,赶走竞争对手并阻止潜在竞争对手的进入,确立自己在微波炉领域的领导地位,保证自己的经营安全。

(资料来源:根据有关材料作者整理。)

3.1.2 企业定价目标的一般类型

尽管处于不同市场结构、不同经营状况和不同竞争地位的企业所确定的定价目标不尽相同,但从大体上可将定价目标分为 4 类:利润导向型、销售导向型、顾客导向型和竞争导向型。

1)利润导向型定价目标

利润导向表现为以直接获取利润为最大目标,一般包括以下两种:

(1)当前总体利润最大化

这种定价目标在技术更新速度加快、产品生命周期缩短的今天十分常见,"撇脂定价"是体现这一定价目标的典型价格策略。但在现实经济生活中,很多基于这种定价目标的企业一味盲目地采取高价政策,这样单位产品的利润是最大化了,但若高价抑制市场需求过快而导致销售量急剧萎缩,总体利润则难以实现最大化;并且,高价政策容易引起竞争者的进入,以低价替代品争夺市场,最终丧失自己的市场份额,损害企业的长期利益。因此,企业追求短期利润最大化并不完全意味着高价,而应在销售量、成本与利润之间权衡,确定合适的价格水平。

(2)确定目标投资收益率

即企业在制定产品价格时对所进行的投资确定一定比例的预期收益。这种定价目标的特点是不追求短时的高利,也不是薄利多销,而是获取一定时期内的稳定收益、服务于企业的长期经营目标。传统的"成本加成定价"是体现这一目标的典型价格策略。当然,这种定价目标主要是企业站在自己的角度来确定的,没有考虑消费者与竞争者,是比较"自我"的定价目标。

2）销售导向型定价目标

（1）销售量最大化

即不考虑利润、竞争及营销环境，只注重销售量（额）的增加。如果企业在短期内需要大量现金，最有效的方法就是临时性地处理过多的库存积压，估算哪种价格能够产生最多的现金收入。例如，在"五一""十一"和春节的节假日经济里，很多日用消费品以较低的价格出售已司空见惯。另外，在推出新产品之前，使用销售量最大化作为定价目标可以消化大量的旧产品存货。显然，销售量最大化往往与微利或无利挂钩，因此只能作为企业的短期定价目标。一个长期进行薄利多销的企业，是无法生存和发展下去的。

（2）扩大市场占有率

即在同行业的产品竞争中维持一个尽可能大的市场份额：

某企业的市场占有率＝某企业产品的销售量/该行业产品的总销售量

很明显，在一个相对稳定的市场，某企业市场占有率的扩大，是以其他企业市场占有率的降低为前提的。因此，扩大和保持市场占有率不是一蹴而就的，而是需要在长期竞争中逐渐争取。"渗透定价"是体现这一定价目标的典型价格策略。企业以扩大市场占有率为定价目标的原因有二：首先，销量是影响利润的因素之一，即使单位产品的利润下降，但若有一定规模的市场份额支撑，利润总量可保持不变甚至增加；其次，企业拥有较大的市场占有率往往意味着一定程度的价格话语权，企业确定的产品价格会成为行业竞争者追随的目标，并且较大的市场占有率可以产生规模经济，因而在产品定价时具有更大的回旋余地。但在现实经济生活中，企业为扩大和保持市场占有率，经常采取的做法是：在较长时间内实行低价策略，将竞争对手挤出市场或防止新的竞争对手进入市场。特别是在某些行业，当市场供给大于市场需求时，企业间竞相降价，不惜一切代价包括牺牲利润来保市场，进行恶性价格竞争，导致企业元气大伤。企业之所以这样做，是因为有很多决策者认为高市场占有率自然会产生高利润率，或者说高利润率是高市场占有率的必然结果。尽管有很多研究证实市场占有率与投资收益率之间有较强的正相关关系，但相关关系并不是因果关系。今天的市场经济实践也证明：有很多拥有较大市场占有率的企业，其利润率并不比行业内小企业的利润率高。

表3.1显示，一些处于行业龙头或领先地位的企业，如沃尔玛、通用汽车、波音公司等，其利润率并没有人们想象中的那样高不可及。因此，单纯追求市场份额的做法是不可取的。为避免盲目扩大市场占有率，企业在以此作为定价目标时须注意以下几方面：

表 3.1　2004 年《财富》500 强个别企业的利润率

企　　业	利润率（%）
沃尔玛	3.5
埃克森美孚石油公司	10.09
通用汽车公司	1.95
通用电气公司	11.18
花旗集团	18.85
惠普公司	3.48
克罗格连锁店	0.58
波音飞机公司	1.38

（资料来源:《财富》,2004。）

　　①首先应考虑自身拥有的竞争实力和市场条件。如是否有必要的资金保障来支撑相应的营销策略,是否有足够的货源以适应市场占有率的扩大,行业市场是否有足够的需求容量供企业填补、占领等。

　　②低价并不是扩大市场占有率的唯一途径。除低价策略外,最好能辅之以其他扩大和维护市场份额的手段。如产品的不可替代性、较高的转换成本、良好的售后服务等。

　　③有没有激起反垄断的可能。特别是行业龙头企业试图进一步扩大市场份额时,会遭到竞争对手的合力抵抗,或者遭到政府和相关部门的"反垄断"打击。

　　④注意扩大和维持市场份额的成本。市场份额并不是越大越好,而是有一个最佳化的问题。这一最佳化的市场份额需要企业根据实际情况,根据市场份额与赢利能力之间的动态关系来确定。在企业的市场份额达到最优化以后还要继续增长,一般都会需要高昂的经济成本,如争取忠诚于竞争对手的顾客更加困难,又或者应付竞争对手的合力抵抗会付出更高的代价等,这些都必然导致企业的赢利能力下降。

【阅读材料 3.1】

市场占有率的神话

　　在营销人员中流传着一个公开的神话——市场份额是赢利的保证。如果这个神话是真的,那么按照最近的资料,通用汽车应该是全球赢利最大的汽车公司,联合航空应该是赚钱最多的航空公司,产品小到灯泡大到彩电的飞利浦也应该是利润最高的电子产品制造商。事实上,尽管这些公司在市场销量上领先于人,却都经历过财务危机。神话的来源是市场份额与利润率之间可被证实的相关性。但正如每个学过统计学的人都应该知道的那样,相关关系并不一定意味着因果关系。对这种相关性更为合理的解释是,赢利性和市场份额都是由导致商业成功的同一种深层次原因所造成的,即能够更切实或更高效地满足客户需求的可持续竞争优势。如果一个公司拥有竞争优势,它可以通过较高的价格或较低的成本来获得更高的边际收益。如果这个优势足够稳固,还可以阻止竞争者抢夺客户或阻止竞争对手对本公司的扩张进行有效抵制。这样,有竞争优势的公司可以在获得高额利润的同时保持更高的市场份额。所以,市场份额并不是利润的关键,它和利润率一样,只是公司经营良好的一个表征。不幸的是,当管理层将这一表征(市场份额不足)误解为原因,并通过一些不恰当的方式,如降价来提高市场份额时,他们所期望的利润率并没有实现。相反,在没有根基的竞争优势支持的基础上抢夺市场份额,结果往往是公司自身或所在行业的利润下降。任何战略计划的最终目标都不应是实现和维持销量,而应该是建立并维持竞争优势,有了竞争优势以后,利润和市场份额就会随之而来。

(资料来源:汤姆·纳格.定价战略与战术[M].龚强,译.北京:华夏出版社,2008.)

3) 顾客导向型定价目标

这种定价目标主要是以消费者的需求作为定价的先决条件。"价值定价"是体现这一定价目标的典型价格策略。顾客导向型定价目标有利于企业摆脱传统定价思想的束缚,引导企业定价从"以企业为主体"转向"以消费者为主体",促使企业认真了解和准确把握市场需求,使自己的产品及其价格能够得到消费者的认可。因而,顾客导向型定价目标实际上是决定利润和销售的推动型目标,因为企业所有目标的实现都要落实在消费者对本企业产品的消费态度和消费行为上,同时它也反映了企业希望在消费态度和消费行为方面能够实现的结果。

4) 竞争导向型定价目标

这种定价目标主要以为应付和防止竞争作为制定价格的主要依据。在市场竞争中,价格是一个很重要的影响因素。当企业面对来自竞争者的威胁时,可以根据竞争者的情况和自身条件采取相应的价格策略。一般来说,处于行业领导者的龙头企业,可以以适当的低价策略主动防御现实和潜在的竞争者,提高行业进入门槛;而处于行业追随者的大部分中小企业,其定价应当着眼于适应竞争、保存实力、赢得生存和发展的机会,因此他们可参考行业领导者或行业平均价格水平进行定价。但不管怎样,若企业以竞争导向作为定价目标,必须广泛搜集其他企业尤其是竞争对手的商品价格信息,知己知彼方能百战不殆。

表 3.2 展示了美国的一些著名企业的定价目标：

表 3.2　美国著名企业的定价目标

企业名称	定价目标
阿尔卡公司	投资报酬率(税前)达到 20%;新产品稍高
美国制罐公司	保持市场占有率
两洋公司	扩大市场占有率
杜邦公司	目标投资报酬率
埃克森公司	合理投资报酬率
通用电气	投资报酬率(税后)20%;销售利润率(税后)7%
通用食品公司	毛利率 33.3%
固特异公司	应付和防止竞争
海湾公司	根据最主要的同业市场价格

(资料来源:李建平,等.企业价格策划[M].保定:河北大学出版社,1997.)

3.1.3　确定定价目标的注意事项

定价目标是企业在一定时期内,通过产品的价格策略期望达到的目的和应完成任务的书面陈述。所以,为了使定价目标更好地发挥指明方向和评价业绩的作用,企业在具体确定定价目标时须注意以下几点:

1)目标界定明确

企业的定价目标必须考虑多种复杂的客观与主观条件的影响,不能随意漏掉和忽视那些本该重视的影响因素。但是,定价目标过多、过于复杂,会给选择定价方法和确定价格策略带来很大的压力,也不利于后期的策略实施与评价,造成顾此失彼、捡了芝麻、丢了西瓜的局面。解决这一问题的最好途径是尽可能地将多目标分解成单目标,或根据重要性和紧迫性将目标分层,但在内容和层次划分上应明确界限,避免出现交叉、重叠或自相矛盾的现象。

2)目标应尽量具体化、数量化

定价目标需要指导定价方案的选择和价格策略的确定,并且最终要衡量目标的实现程度。因此,定价目标应规定准确的时间范围,指出将在关键领域内实现的具体结果,并尽可能用可衡量的方式确定某种数量标准,从而有利于检验目标是否达到和达到的程度。

3) 目标应具有挑战性,又有现实性

定价目标既然是企业希望通过产品价格策略达到的目的,那么它应该富有挑战性,这样才能对企业及其员工产生激励作用。但同时,企业实现某一目标的意愿和能力,必须源于对内在条件及外部形势客观分析的结果,否则,这样的目标设立便是不恰当的。

3.2　搜集定价信息

在企业定价程序中,无论是确定定价目标、选择定价方法和定价策略,还是价格的执行与调整,都离不开科学决策。而完备、准确、及时的信息占有是一切科学决策的基础,是区分优秀的价格管理者和盲目使用权力的价格管理者的重要条件。因而,价格信息和一切可能影响价格的客观因素的搜集和调查是定价程序的基础环节。

【案例3.2】

野马赛车的销售神话

20世纪60年代,在美国青年人中掀起了一股赛车时尚。迫于来自通用及欧洲汽车制造商的压力,福特公司决定迎接挑战。当时,以推销员出身的总经理雅科卡并没有到设计部门去寻找新车设计的灵感,而是首先作了大量的社会调查。通过调查,雅科卡发现,赛车的潜在需求量很大,但由于赛车普遍价格昂贵,大多数顾客难以接受;并且他还发现大多数赛车买主真正渴望的不是赛车本身的卓越性能,而是赛车所带来的强烈的心理刺激——时髦的款式、凹背的单人座位和别致的挡泥板等,而当时市场上还没有人以大多数顾客所能接受的低于2 500美元的价格来出售这种刺激。1964年4月,福特公司以2 368美元的标价推出了新型赛车——野马,它撤去了一般赛车的特殊机械结构而保留了基本特点,实现了顾客以较低的价格享受赛车似的心理刺激的梦想。"野马"令众多狂热的赛车迷惊叹不已,第一年的销售量便超过了福特公司任何一种轿车的销量,而头两年就为福特赚得11亿美元的净利润。

思考:1.野马赛车为什么成功?

2.你认为对定价信息的搜集应该涉及哪些方面?

(资料来源:托马斯·内格尔,等.定价策略与技巧[M].应斌,等,译.北京:清华大学出版社,2008.)

3.2.1 定价信息的内容

定价信息的内容十分广泛,凡是与产品价格的确定及调整有关的信息均属于此范畴。我们按照价格是本企业与竞争对手及顾客博弈的均衡结果的观点,将定价信息可能涉及的内容分为 3 个方面:成本(Cost)、顾客(Customer)和竞争者(Competitor)。这就是所谓的定价 3C 原理。

1)成本(Cost)

成本在定价策略的制定中扮演了一个至关重要的角色。从企业财务角度讲,成本是企业定价的底线,只有补偿成本的定价才能保证企业的持续发展。我们在相关课程的学习中已经了解了很多有关成本的概念,如总成本、固定成本、可变成本、边际成本、沉没成本、产品成本、营销成本等。对任何企业的定价决策者来说,了解自己在劳动力、原材料、广告、促销、渠道维护等方面的花费是十分容易的事,但要实现有效定价,提高企业的赢利水平,仅仅知道成本静态的"量"是远远不够的,还必须进一步了解成本在不同定价决策下是如何发生变化的。基于赢利性的定价理论认为:并不是所有的成本都与每一次的定价决策有关,只有那些随价格的变动而变动从而影响企业利润水平的相关成本,才是有效的影响定价决策的成本信息。这主要是因为,我们判断最优价格策略的主要依据是比较不同价格方案下利润水平的高低,而非相关成本无论在什么样的价格策略下总体上都保持不变,不会影响不同价格策略下产品获利性的比较。为了说明相关成本对正确定价的重要性,我们来分析一个交响乐团的案例。

【案例3.3】

某一交响乐团租用一剧场每月间周周六进行演出,租金 1 500 元/月,而每场演出的费用如下:

排练费:4 500 元

演出费:2 000 元

变动费用(印制门票、节目单):1 元/座

乐团经理因利润过少而十分忧虑。目前票价10 元,每场可提供 1 100 个座位。但遗憾的是通常只能售出 900 张票,这样每场的利润只有可怜的 100 元。乐团经理认为仅靠简单的提高票价不能解决问题,因为提价可能会使上座率更低。于是,经理经过深思熟虑,设计了 3 个改善目前不佳经营状况的方案:

①在开演前一个半小时出售学生优惠票,票价 4 元/张,估计可多售出 200 张。

②在周日日场重复周六的演出,票价 6 元/张。估计每场能售出 700 张票,但

须扣除观看周日的演出而放弃周六演出的 150 个观众,实际每场多售出 550 张票。

③在每月其他两个周六增开新的音乐会,票价不变。估计每场可售出 800 张票,但须扣除 100 个放弃原来周六看演出的观众,实际每场多售出 700 张票。

那么乐团应该采用哪一种方案呢?

（资料来源:内格尔·内格尔,等.定价策略与技巧[M].应斌,等,译.北京:清华大学出版社,2008.）

乐团最后采用的方案,应该是对利润水平的提高贡献最大的方案。我们简单地估算一下,发现方案一和方案二每场演出分别可以增加乐团收入 800 元和 2 700元,但方案三每场演出能给乐团带来 7 000 元的收入增加,那么,能不能就此判断方案三就是最佳方案呢? 显然不能,因为利润的增加不仅与变动的收入有关,还与变动的成本有关。而 3 个方案每场演出所增加的成本分别是 200 元、2 550 元和7 200元。因此,综合考虑增加的收入与成本,显然方案一对剧团利润水平的提高贡献是最大的,因而是最优方案。上述 3 个方案对收入与成本的影响分析如表 3.3所示。

表 3.3　交响乐团 3 个方案的利润贡献分析

	方案一	方案二	方案三
单价	4	6	10
×数量	200	700	800
=收入	800	4 200	8 000
−放弃的收入	0	1 500	1 000
增加的收入	800	2 700	7 000
追加排练费用	0	0	4 500
追加演出费用	0	2 000	2 000
追加变动费用	200	550	700
增加的成本	200	2 550	7 200
净利润贡献	600	150	−200

对这个案例的分析,我们采用的思路是用增加的收入扣除增加的成本得到净利润贡献来确定哪个方案最为理想。增加的成本,是随着定价决策的改变而发生变化的成本,是相关成本。如果乐团经理不采用相关成本,而采用从会计数据中更易获得的平均成本去进行分析,那么可能会作出错误的决策。对方案一,乐团每月每票的平均成本是 12 200/2 200 = 5.54 元,而学生优惠票价为 4 元,低于平均成本;方案二,乐团每月每票的平均成本是 16 900/2 900 = 5.83 元,而票价为 6 元,略高于平均成本;方案三,乐团每月每票的平均成本是 21 700/3 200 = 6.78 元,票价

为 10 元,大大高于平均成本。这样,经理会认为方案三是最优的,方案一和方案二无利可图,特别是方案一,会大大加剧乐团的亏损。这样,如果经理只关注平均成本的信息,就会被错误的观念所误导,拒绝一个本来可以带来较好赢利性的提议。乐团经理发生这样的错误,其原因就在于使用平均成本来进行定价决策,因为平均成本中包括了非相关成本。对方案一来说,排练费用和演出费用不会随着价格的变化而变化,在不同的定价方案下不会对赢利水平带来任何影响(正向的或负向的),是非相关成本,而只有每个座位的门票和节目单是相关成本,与不同的定价决策有关;对方案二,演出费用和每个座位的变动成本是相关成本,会影响不同方案下的利润水平;对方案三,除了固定间接费用,所有的成本均是相关成本。

在现实的经济生活中,我们可以找到很多这样的案例,如与精装版相比内容相同但价格较低的平装书,凌晨或深夜的红眼航班等。如果价格决策者的头脑中平均成本确定价格的观念是根深蒂固的,那么在他们看来上述本可增加企业赢利的产品定价都是不可为的。另外,回忆一下第一章中提出的问题:低价是否意味着低利润?通过以上的分析我们可以作出明确的回答:低价不一定意味着低利润,只要在低价方案中成本增量足够小,低价仍然可以给企业带来很大的利润贡献。当然,需要指出的是,平均成本虽然不影响最优价格决策,但确实能确定企业的长期最低价格。因为从长远来说,产品价格必须高于单位成本,否则企业会因为投资长期不能回收而无法生存。

交响乐团的案例尽管是虚构的,但它所阐释的原理却具有现实意义:只有相关成本才是正确制定价格策略的有效成本信息。至于如何衡量和确定相关成本,我们在下一节定价分析中作详细介绍。

2) 顾客(Customer)

在现在的市场经济条件下,绝大部分产品均属于买方市场,消费者的话语权越来越重要。再好的产品、再完美的价格,如果不能为消费者所理解和接受,必将以失败而告终。因此,充分把握顾客需求、了解价格在顾客购买决策中的作用、推测和影响顾客对价格策略的反应,从而最终能根据不同顾客的反应来有效细分市场,对制定正确的价格策略是十分关键的。对顾客信息的搜集往往可通过市场调查来实现。一般来说,对企业产品价格的确定有影响的顾客信息主要包括目标顾客群体、消费者购买动机和行为、市场现实(潜在)需求量、消费者经济价值、价格敏感性(弹性)、价格可接受区间等。

3) 竞争者(Competitor)

正如博弈论者所定义的那样,定价是一种"博弈"游戏,其成功与否不仅取决于企业自身的定价决策,同时也和竞争对手的反应息息相关。企业对竞争对手了解得越透彻,越能"知己知彼",在定价这场游戏中就越能"百战不殆"。按照博弈论的分析框架,进行竞争分析主要包括以下4个方面的内容:一是参与者,即明白自己的竞争对手(现实的与潜在的)有哪些;二是信息,即了解自己的竞争对手,特别是有关竞争者的特征和行动的信息,如竞争对手的定价目标、市场占有率、营销战略、产品定位、产品成本构成等;三是战略,即在某种信息条件下,参与者的"相机行动方案"——一个切实可行的战略定价计划及应对措施;四是支付,即在参与各方一个特定的战略组合下,博弈者所能得到的效用或预期效用,当然,对企业来讲,这种效用就是利润(率)。

3.2.2　搜集定价信息的原则

定价信息是与产品价格的确定及调整有关的客观存在的一切信息,在市场经济活动中随处可见。然而,要从大量的经济信息中捕捉到所有对定价决策有用的信息并不是一件容易的事,这要求企业相关人员不仅要有高度灵敏的嗅觉,还需要长期有意识、有目的、有选择地进行搜集。价格信息的搜集应遵循以下原则:

1)全面性与重点性相结合

既要在信息的搜集面上注意与定价决策相关,防止重要价格信息的遗漏;又要围绕定价决策的需要,重点搜集直接影响定价决策的数据和信息。因此,要注重对重点信息的直接调查、记录,同时也要善于通过间接方式,从各种商业情报、市场动态、专业报刊、统计年鉴上搜集相关信息。特别是现在,互联网越来越成为快速、便利的信息通道和载体,企业相关决策人员一定要善于利用,力争使信息的内容做到内容全面、重点突出。

2)真实性和实效性相结合

信息的准确和及时是信息价值的真正所在。原始价格信息如果不真实或不及时,会给后续的价格信息分析、处理带来危害,甚至直接导致定价决策的失误。因此,我们在搜集信息时,为使信息的来源真实可靠,应尽量采用权威、有公信力的信息媒体,时刻注意鉴别、剔除不真实信息,特别是对来自于互联网的信息;同时还要对价格信息的时效性给予充分重视,除特定的需要外,防止搜集和使用过时信息。

3)系统性与连续性相结合

一方面,在信息搜集的过程中,若发现信息遗漏或不完全时需随时补充;另一方面,市场价格信息处于不断的动态变化之中,只有按照价格变化的时间序列进行连续不断、全面系统的搜集,才能完整地观察和分析价格状况的发展变化趋势。

3.2.3　收集定价信息的方法

理论上讲,凡是可以从信息来源渠道获取信息的方法都可以作为定价信息收集的方法。收集定价信息常用的方法主要有以下几种：

1) 调查法

调查法是了解、收集消费者信息的基本方法。企业在明确调查目的和具体任务后，针对目标群体，有选择地对有代表性的顾客进行实地调查访问，直接获取有关价格信息的第一手资料。采用调查法应注意选择调查方式，避免调查对象产生厌烦情绪，同时促使被调查者表达出自己真实的意愿和想法。因此，除了常用的问卷调查外，还须注意结合以下调查形式和技巧：

（1）观察法

观察法是指在日常生活中有目的、有计划地观察消费者的动作、表情、语言等方面的外部表现，判断消费者对广告、商标、包装、橱窗设计、产品价格的实际反应和可接受程度。在 20 世纪 60 年代中期，美国学者威尔斯、洛斯克鲁在超级市场的谷物食品、糖果、洗衣粉等柜台进行了 600 小时的观察，从消费者进入这些柜台的走道开始到离开为止，观察消费者的各种活动，并作了 1 500 条记录，得到了很多真实、有价值的信息。

（2）投射法

投射法不直接对被调查者明确提出问题以求回答，而是给被试者一些意义不确定的刺激，让被试者想象、解释，使其内心的动机、愿望、情绪和态度等在不知不觉中投射出来。投射法主要有以下几种：

①主题理解测试法　这种方法又称绘画解释法，是让被调查者看一些内容模糊、意义模棱两可的图片，让消费者自己去解释图片的意义。由于主题理解图本身没有特定的含义，消费者的解释往往是将自己的某种愿望或态度投射到这些图上，这样调查者就可以根据消费者的解释得到真实可信的信息。比如，我们将画有一消费者站在超市糖果陈列架的图展示给被调查者，要求被调查者说出该消费者此时的想法。被调查者的回答无疑反映了他本人对糖果产品在品牌、种类、价格等方面的消费态度。

②语句联想法　这种方法与绘画解释法类似，只不过调查者出示的不是图片而是写有某些语句的卡片，然后询问被调查者由这些语句引发的联想。如：将写有"沃尔沃""奔驰""吉利"的卡片出示给被调查者，再要求其谈谈由这 3 个词语各想到了什么。

③造句测试法　这种方法是由调查者提出一些未完成的句子，要求被调查者将句子补充完整。如：（　　　　）牌空调最受欢迎，（　　　　）牌空调的性价比最高，（　　　　）牌空调的售后服务最好等。调查者通过被调查者填写的内容，可了解其对某种商品的价格、质量、服务等方面的评价和看法。

④角色扮演法　这种方法是由调查者先向被调查者描述某种场景，然后让被

调查者充当情景中的某一角色,观察被调查者在该情景中的反应,以自然流露的方式间接反映被调查者真实的消费态度。例如为了得到消费者对汽车消费及价格的态度,给被调查者看如下资料:张先生,40岁,月收入5 000元左右,有个美满幸福的家庭,儿子今年6岁,最近张先生买了一辆4万元左右的长安奔奔汽车。请问你对张先生的购车行为有何评价?如果被调查者这样回答:张先生老成持重,其收入在重庆还算可以,奔奔车的质量还行,也比较省油,但对已经40岁的张先生来说,买这款车保守了点,还不如一步到位,咬咬牙买辆10万元左右的汽车,又实用又有面子。调查者从以上陈述中可以得到很多信息,如被调查者的汽车消费观是一步到位,对价格的承受能力在10万元左右等。利用这种方法得到的信息比直接询问被调查者相关问题所得到的答案要真实可信得多。

(3)深度访谈法

这种方法是调查者针对某一问题以一对一的方式向被调查者提出一系列探究性的问题,进行较长时间的深入面谈,据以得到被调查者对某产品的看法及实施某种消费行为的原因。深度访谈法常在被调查者比较熟悉的环境如家中进行,这是因为熟悉的环境有利于被调查者放松心情,以表达自己真实的想法。

2)台账收集法

台账收集法主要是为了收集来自于企业的有关产品定价的信息。所谓台账是企业内部对自己生产经营情况的原始记录,如采购记录、库存记录、生产成本记录、销售记录等。经常化、制度化记录的台账是保持企业价格连续性与系统性的最佳信息来源。因此,健全、规范的台账记录对企业产品的定价决策具有十分重要的意义。

3)文案调研收集法

文案调研收集法主要是从各种文字档案中检索出有用的第二手信息资料。利用这种方法的关键在于熟悉资料的来源和检索方法,同时还要正确认识和评价这些资料的背景材料和真实成分。文案调研的资料来源和收集渠道主要包括以下几种:一是各种报刊、杂志;二是国家颁布的各种文件、法规和出台的相关政策;三是各级统计机构或一些权威市场调研机构发布的各种统计数据、调查资料;四是各种各样的信息网站和电子商务销售平台等,这些利用互联网建立起来的信息来源渠道因为便捷、经济和及时,越来越受到价格信息收集人员的关注。

3.3　进行定价分析

在充分占有与定价相关的信息后,接下来的工作便是对前期收集的各种信息进行分析。

3.3.1 成本分析

通过上一节相关内容的学习,我们已经明白:并不是所有成本都与每一次的定价决策相关,任何经营决策,包括定价决策,都应只考虑影响决策利润水平的相关成本。成本分析最主要的目的就是在各种各样的成本信息中识别出到底哪些才是相关成本。

1)增量成本

增量成本是价格变动引发的追加成本,一般来说,随销售额即价格和销售量的变化而变化的成本都是增量成本。一个企业可以选择以高价出售较少的产品,也可以选择以低价出售较多的产品。但不管采取哪种定价方式,有些成本在总量上是保持不变的,不会影响不同价格方案下的相对收益,它们是非增量成本;而有的成本会随着价格和销量的变化而变化,对企业利润产生正向或负向的影响,它们是增量成本。对增量成本与非增量成本的理解,类似于可变成本与固定成本。可变成本是增量成本,因为不同的价格决策肯定会影响产品销量,而销量(产量)的改变往往引起可变成本的追加或减少,如原材料成本、劳动力成本等;固定成本是非增量成本,因为绝大部分固定成本在产品定价前已经发生,不会随着价格的变化而变化,如产品设计费用、企业管理费用等。但是,在某些情况下,比如,当决定是否以某个价格提供新产品或新服务时,固定成本就会变为增量成本。这主要是因为,提供新产品或新服务往往意味着企业经营方向的调整、产品的重新定位,此时新增的固定成本表现为追加的成本,其支出与否肯定会带来企业利润水平的变化。例如,当一家餐馆决定提升餐馆档次、提高菜品价格而重新装修及购置新餐具、印刷新菜谱等固定成本即为增量成本;再如,一家航空公司决定提供贵宾服务而产生的广告费、机舱装修费等固定成本也是增量成本。总之,在理论上定义增量成本是非常简单的,但在实践中识别它却充满了挑战,我们必须真正理解增量成本的含义,灵活运用,才能作出正确的分析与决策。请思考如下问题:一家企业目前的生产能力为每月生产1 000件产品,当每月的实际产量小于1 000件时,购置设备的费用是增量成本还是非增量成本? 当订货增加至1 500件时,企业将考虑购买新设备,则购置新设备的花费是增量成本还是非增量成本?

2)可避免成本

可避免成本是没有发生或已经发生但可以收回的成本。与可避免成本相对应的是沉没成本,即不管现在作出什么样的定价决策,它们都是无法改变的,不会带来企业赢利水平的任何变化。因而,沉没成本是无效的定价成本信息,不影响定价决策。如果经营者在定价时错误地将沉没成本考虑进来,那么他很可能会作出错误的定价决策,从而失去本可减少损失的机会。

【案例3.4】

一家书店有库存教材1 000册,每本教材的进价为14元,零售价为20元,而教材的库存时间每增加一年所产生的费用(仓库保管费用、存货所占用流动资金的利息等)约为2元。因为这本书的销路不好,有职工提议将书以半价出售,但经理不同意,理由是10元/本的价格连进价都弥补不了。你的意见呢?

首先须指出的是,因为书店没有很好地把握市场需求,导致所进教材滞销,所以不管采用什么样的价格策略,这些教材的进货成本(生产成本)都已产生、不可避免了;而如果打折可很快将书销售出去,那么库存一年所增加的各种费用都是可以避免的。下面考察在不同的价格方案下书店利润水平的变化。如果维持原价,假设教材预计库存时间为n年,则出售一本教材所获得的利润是$20-14-2n$;如果打折,假设折扣为r且打折后可立即卖出去,则出售一本教材所获得的利润是$20r-14$。那么,当$(20r-14)-(20-14-2n)>0$,即$20r>20-2n$时,打折出售是可以提高书店利润水平的。可见,如果教材预计库存时间超过5年,职工以半价销售的提议比经理的意见更加有利可图。为什么经理会作出错误的价格决策?经理最大的错误在于将进书的沉没成本而非维持存货的可避免成本当成了主要决策依据。事实上,如果降价可尽快将教材售出,只要书店节省的维持存货的成本高于降价带来的损失,那么即使销售收入低于进货成本,降价也会增加书店的利润。在20世纪90年代初,许多大航空公司出现亏损。1992年,美洲航空公司亏损4.75亿美元,三角航空公司亏损5.65亿美元,美国航空公司亏损6.01亿美元。但是尽管有亏损,这些航空公司仍然继续出售机票并保持运营。这种决策似乎让人费解:既然亏损那么严重,航空公司的老板为什么不停止经营呢?其实,如果航空公司的飞机在短期内不能转卖,当初购买飞机的费用就全部沉没了,那么当机票的价格大于燃料费用和乘务人员的工资之和时,继续经营就可以减少航空公司的损失。

因为可避免成本往往是还没有发生的成本,所以从时间角度确定可避免成本最简单的办法是认识到它是和销售联系在一起的未来成本,而非已经发生的历史成本。考虑以下问题:当原油价格上涨时,石油公司应迅速提价还是等到存货销售完毕后再提价?当原油价格下降时,石油公司应迅速降价还是等到存货销售完毕后再降价?按照成本定价的传统思路,1 L汽油的成本是原油价格加上提炼和销售费用,那么就完全可以等到存货销售完毕后再进行提价或降价。但非常遗憾的是,这种选择绝对不是最优的定价决策。越来越多的石油公司经理已经认识到，为汽油定价的主要成本依据不是生产 1 L 汽油的历史成本，而是销售完成后补充库存的未来成本。当原油价格上升时，每售出 1 L 汽油，公司必须以更高的价格购买原油补充存货，如果汽油售价仍然维持原状，那么每完成一次销售，公司就会遭受一次现金流的减少，销售得越多，现金流的损失就越大。所以，明智的公司应当选择迅速提价。当原油价格下降时，如果公司非要等到存货销售完毕后才肯降价，那么它将遭到任何一个存货量较小公司的强大威胁——以成本优势带来的低价夺取市场。所以，公司的最优价格选择是迅速降价。也许从历史成本的角度看，这会产生账面损失，但该损失可以用更便宜的原油补充库存而节省的成本来弥补，对公司的现金流不会产生任何影响。

3) 机会成本

如果按照相关成本的定义，机会成本肯定不在其列，因为它根本就不是实际发生的成本，连在财务报表中都不会出现。但是，机会成本是重要的与定价决策相关的成本信息。在案例 3.4 中，即使存货所占用的资金不是借入资金而是自有资金，不会产生任何利息支出，但这些自有资金可有其他用途如购买畅销书籍、购买有息票据等，这些投资方案获得的最大收益就是存货占有自有资金的机会成本，我们在进行定价决策时同样应加以考虑。

【案例 3.5】

机票价格：机会成本影响定价的一个实例

一张机票的机会成本是什么？在大多数情况下，航空公司可以在飞机起飞前的一个月里提供低价打折票而轻易售出全部座位。那么出售这样一张低价票的机会成本是从全价乘客（通常是对价格不敏感的商务旅行者）身上挣得的收益。例如，如果某次航班在出发前一个月机票未完全售出，航空公司根据历史订票情况估计起飞前至少有一张机票卖不出去的概率为 70%，这就意味着航空公司无法为在起飞前愿意支付全价的乘客提供机票的可能性有 30%。假设全价票对该航班的利润贡献是 500 美元，那么提前销售打折机票的机会成本就是 0.3 × 500 = 150 美元。对折扣机票机会成本的分析揭示了为什么即使未出售机票很多，同一航班的打折机票价格仍然会在航班起飞前的数周里上下浮动。航空公司拥有复杂的"空座管理"系统，通过分析历史订票情况来估计起飞时留有一个空座的可能性。如果飞机没有像历史数据所预期的那样迅速售出机票，那么起飞时有空座的可能性会上升，出售更多打折机票的机会成本会下降，所以航空公司的管理系统也许就会提供超低折扣机票。然而如果突然出现一个 7 人商务团队，则机票全部售出的可能性大增,折扣票的机会成本会随着上升,管理系统就会停止出售最便宜的打折机票。

(资料来源:汤姆·纳格,等.定价战略与战术[M].龚强,译.北京:华夏出版社,2008.)

以上对于相关成本识别内容的阐述,我们想表达的主要观点是:进行定价决策的主要依据绝不是会计成本,而是相关成本,若不然,可能会作出错误的定价决策。如果考虑历史成本,可能会以过低或过高的价格销售存货;如果考虑非增量的固定成本,可能会忽略那些价格高于增量成本的赢利性业务;如果考虑沉没成本,可能会导致定价过高而失去市场;如果忽略机会成本,可能会导致定价过低失去提高利润水平的机会。强调相关成本(包括增量成本、可避免成本及机会成本)。价格决策的重要意义还在于提醒经营者在尚能控制成本时就考虑成本问题,意识到不是发生了怎样的成本才来确定价格,而是应首先了解市场和需求、估计消费者愿意支付的价格然后再决定发生怎样的成本来获得利润,这样的定价策略才是有效的。总之,价格管理者在定价决策时只考虑相关成本,并不是因为非相关成本(诸如沉没成本、非增量的固定成本)不重要,而是因为这些成本与如何定价才能最有效地收回成本无关:它们不随价格的变化而变化,不影响不同价格水平下产品获利性的比较;如果在定价时过度考虑它们,反而会影响通过定价策略最有效地收回成本的过程。尽管在定价实践中识别相关成本的工作比理论上要复杂、困难得多,但是定价决策宁可建立在一个大致精确的相关成本上,而不是建立在一个十分精确的非相关成本上。

【阅读材料 3.2】

避免会计核算的误导

根据会计记账的原则,损益表具有以下形式:

销售收入

− 已售商品成本

= 毛利

− 销售费用

− 折旧

− 管理费用

= 营业利润

− 利息费用

= 税前利润

− 税金

= 净利润

这会引导经理人按这样的顺序来考虑定价:首先,试图通过销售收入最大化并使已售成本最小化来解决毛利问题;然后通过销售费用、折旧和管理费用最小化使营业利润最大化;同样他们通过最小化利息来解决税前利润问题,并通过最小化税金来达到最终目标——净利润最大化。也就是说,他们认为通过尽力实现每步收入的最大化,就肯定可以确保净利润最大化的目标。不幸的是,获取高额利润的道路并不是完全笔直的,有利可图的定价往往需要牺牲毛利以减少损益表其他项目的开支。在案例3.4中,经理如果拒绝打折销售,账面毛利虽然可大为改善,但会因此而承受超过新增毛利的利息,从而使税前利润反而更低。而且,通过打折销售所节省的销售费用往往大大超过了销售收入的减少,这样销售费用的更大节省也带来了营业利润的增加。因此,有效的定价不能一步一步地作出,需要对问题进行全盘考虑,在更高价格和更高成本之间权衡,只要能从整体上节省更多的支出,就应该坚决地牺牲部分毛利。避免被传统的损益表误导的最好办法是建立一套独立于财务报表的经营成本核算体系:

> 销售收入
> − 增量的、可避免的可变成本
> = 总利润贡献额
> − 增量的、可避免的固定成本
> = 净利润贡献额
> − 其他固定、沉没成本
> = 税前利润
> − 所得税
> = 净利润

按照新的核算体系,定价决策首先应关注增量成本和可避免成本,然后再考虑非增量成本和沉没成本。在这里,因为从利润贡献中扣除的固定成本或沉没成本不受定价决策的影响,并且所得税由税前利润而非销售额决定,这样,定价决策的最大化利润贡献目标与最终的净利润最大化目标是一致的。

(资料来源:汤姆·纳格,等.定价战略与战术[M].龚强,译.北京:华夏出版社,2008.)

3.3.2 消费者分析

消费者分析的主要任务是在充分占有真实可信的目标顾客信息的基础上,分析顾客经济价值、价格敏感性并识别消费者类型,为细分市场、制定"人性化"的价格策略打下坚实的基础。

1) 顾客经济价值

在夏日大雨滂沱的街头,小贩手中一把普通塑料雨伞的价格是平时的2倍;在阳光灿烂的三亚亚龙湾五星级酒店的私家海滩上,一对烤鸡翅的价格是80元人民币;在路易威登专卖店的橱窗里,一个看似普通的女包标价折合人民币1.28万元……这些产品的价格如果单纯用成本去衡量可能是不"合理"的,但购买者仍然趋之若鹜。我们不仅会问:是什么在支撑这些看起来不可思议的高价格?

【案例3.6】

行家眼中的价值

2002年12月,苏富比拍卖行主办了一场帮助图书救援国际组织(这一慈善组织支持在世界50个最贫穷的国家分发图书)的拍卖会。一些著名的作家应邀捐献纪念品用于拍卖,以支持这一慈善组织。在众多拍卖品中,最引人注目的莫过于"哈利·波特"系列图书的作者罗琳手写的卡片:一张引起人们强烈好奇心的索引卡,上面写满了93个词,对这套即将出版的系列的第五本——《哈利·波特与凤凰社》的线索给出了提示。当时,这本书的情节是高度保密的。于是,全世界的波特迷们对这一拍卖品产生了强烈兴趣,一个网上爱好者小组甚至在其会员中进行集资,共筹集资金1.5万英镑,并承诺如果赢得拍卖,将在其网站上公布这些单词。结果那次拍卖非常疯狂,这个网上爱好者小组甚至都没来得及报一次价,价格在不到一分钟的时间内就迅速超越了他们所能承受的预算。最后,一位不愿透露姓名的美国收藏家以28 680英镑的价格赢得了拍卖。这一价格大约是苏富比拍卖前估价的5倍。

(资料来源:拉菲·穆罕默德.定价的艺术[M].蒋青,译.北京:中国财政经济出版社,2008.)

这个案例的意义在于:产品的价格在很多时候是由消费者根据自己的判断给出的,只要消费者认为"值",那么即使这个价格在旁人眼中是不可理解的,消费者仍然会实施购买行为,这样的价格策略就是有效的。而制定这个有效的价格策略的核心依据就是顾客经济价值。

每个顾客在日常的消费活动中会面临许许多多的选择,顾客不停地作出选择、体验产品和服务的过程也就是了解市场、累积经验的过程。随着经验的深入和开阔,顾客会总结什么是自己的最优选择,更重要的是能注意到产品间很细微的差别并给出微妙的评估,最终形成"这个产品最多值××元"的非常明确的判断标尺。这个标尺便是顾客的经济价值。所谓经济价值,是一个信息充分、完全理性的顾客的最高支付意愿,可用顾客最佳可选方案的价格(即参考价值)加上该产品区别于

其他产品价值(差异价值)的和来衡量,即:

$$经济价值 = 参考价值 + 差异价值$$

理解顾客经济价值,须注意以下几点:

①参考价值是顾客心中认为该产品最优替代产品的价格或成本;差异价值是该产品与最优替代产品相区别的属性(既可以是产品的品质、功能、服务、品牌等客观属性,也可以是情感、满足等主观心理感受)价值,可正可负。

②一般来讲,参考价值是比较客观的,差异价值中由于包含有消费者的心理体验而具有主观成分。这也可以解释为什么不同的人对同一件产品会有不同的甚至是天壤之别的经济价值判断。于是,对定价者而言,挖掘客户心理,多问问类似于"目标顾客是谁""他们为什么买这个产品""他们看中了什么"等诸如此类的问题,从而把握、理解客户的价值诉求是非常重要的。

③由于并非每个顾客都是信息充分、完全理性的,消费者所能接受的产品经济价值往往比产品的实际经济价值要小。这就要求我们必须用良好的营销沟通手段和技巧来确保那些目标客户的价值诉求点——对客户非常重要的产品特性能够得到买家的注意,即让消费者"识货"。

【案例3.7】

对杂志社广告的经济价值沟通

一家杂志社与其主要竞争对手相比,拥有更具号召力的作者、更有趣的文章、更忠实的读者群。但由于发行量只比竞争对手多11%,于是这家杂志社的广告商们对其广告价格加以指责,认为既然发行量的差异是11%,那么收取的广告费就不能高于竞争对手的11%。从表面上看,广告商的指责是有道理的。但实际上,仅凭发行量是很难衡量一个杂志广告的经济价值。表3.4全面分析了该杂志广告能给广告商们所带来的经济价值。

表3.4　杂志广告的经济价值判断

比较项目	竞争对手	我们的杂志	优　势
发行量(份)	1 400 000	1 550 000	11%
每本杂志的读者(人)	1.8	2.1	
读者总数(人)	2 520 000	3 255 000	29%
看广告者的比例(%)	9.20	14.50	
产生购买动机者/看广告者(%)	1.60	2.20	
购买者/产生购买动机者(%)	20	20	

续表

比较项目	竞争对手	我们的杂志	优　势
购买产品的读者(人)	742	2 077	180%
售价(美元)	180	200	
利润率(%)	30	30	
广告的价值(美元)	40 062	124 601	211%
广告的成本(美元)	29 000	67 400	
广告的回报(美元)	11 062	57 201	

(资料来源:托马斯·内格尔,等.定价策略与技巧[M].应斌,等,译.北京:清华大学出版社,2008.)

表3.4的分析表明,11%的发行量优势给广告商带来了211%的经济价值优势!相信这样的分析出示给任何广告商,都不会对收取超过竞争者2倍的广告费用有任何微词。

④注意顾客经济价值与顾客让渡价值的区别。顾客让渡价值反映了消费者从产品中获得的利益净值,其实质是使用价值或效用;顾客经济价值是消费者的保留价格或最高支付意愿,其实质是交换价值。有效定价策略的核心是经济价值而非让渡价值。以三亚亚龙湾五星级酒店私家海滩上酒吧提供的烤鸡翅为例,如果游客知道附近农贸市场可以买到6元/对的烤鸡翅,那么即使私家海滩酒吧提供的烤鸡翅能够给他带来80元的效用他也不会购买,除非他真的认为因不需走路到市场购买而省事、在海边躺在沙滩上、吹着海风与爱人一起享用美食和周到服务的惬意等带来的经济价值超过72元。

顾客经济价值对产品定价的意义是非常重要的:一件产品的价格不能超过顾客的经济价值,否则消费者便不会产生购买行为。在定价实践中,理解客户如何从产品中获得价值、如何量化这些价值以及如何将这些价值点信息成功地传递给消费者显得困难和复杂,相关知识我们在价值定价这一章里将作进一步详细阐述。

2)价格敏感性

价格敏感性是消费者对价格的敏感程度,反映了消费需求受到来自于产品价格变化的影响程度。

(1)影响消费者价格敏感性的因素

①参考价格效应　参考价格是指产品的价格相对于顾客了解认知的替代品越高,消费者对价格越敏感。企业可视需要通过降低或提高消费者的价格敏感性从而刺激需求。比如,旅游胜地的饭店对游客可以制定相对于当地居民高得多的价格,这主要是因为匆匆而来的过客对当地物价的相关情况不十分了解。再如,当采

用渗透定价策略时,以比主要竞争者更低的价格打开市场正是利用参考价格效应来吸引消费者。另外,这种策略在小杂货店应用得十分普遍:杂货店老板经常会将价格较低但毛利率较高的大众品牌放在顾客第一眼看不到的地方,而将价格较高的品牌放在显眼的位置,这样顾客一来便可看到较贵的产品从而提高了顾客的参考价格点,当他看到大众品牌的价格时就会觉得特别便宜而购买。

②转换成本效应　转换成本是指消费者因为更换供应商所需承担的额外成本。转换成本越高,消费者对价格越不敏感,越容易锁定。改革开放初期,南方某市的发电厂在成立之初就发电设备向全球招标,最后日本的一家企业因价格最低而中标;但当设备运行两年之后出现故障需更换零件时,日方企业零件的价格相对于市场其他品牌类似零件的价格却要高出一大截。因为零件不能兼容,如果不使用日方零件就意味着只能更换设备,于是这家企业别无选择而付出了高昂的代价。

现在,许多行业都实施了"会员制",如美容店、健身俱乐部、航空公司等。消费者一旦成为其会员,企业会根据消费者的消费金额给予奖励,并且顾客消费得越多,奖励就越丰厚。这实际上也是利用了转换成本效应,消费者一旦成为会员便被锁定,消费累积得越多套得越牢。此时企业即使提高产品价格,消费者也会因为所谓的积分而不会轻易更换"供应商"。

③比较困难效应　比较困难效应是指当消费者难以比较产品之间的价格与性能时,对价格就越不敏感。这可以解释为什么品牌是具有价值的:当消费者难以比较可替代产品的优劣时,消费者宁愿以较高的价格购买信得过的高声誉品牌产品,而不愿冒较大的风险去寻找和接受价格较低的无名替代品。这种现象在所需专业知识较强的行业如古董,产品效用比较隐性的行业如食品、药品、护肤品以及价格昂贵的奢侈品行业如黄金、珠宝等领域十分普遍。在 PC 市场,联想笔记本电脑的价格高出同类产品 20% 以上甚至更多,消费者愿意支付这样的高价格是因为害怕其他品牌的可靠性和性能不令人满意。

比较困难效应的另一个意义还在于当企业无法克服消费者的比较困难效应时,免费样品、出租、质量和退款保证等策略的使用可能比降低产品价格更有效。

④价格-质量效应　当高价格不是意味着一种费用负担而是意味着高质量、顾客相信低质会给自己带来巨大损失的风险时,顾客对价格敏感度会降低。在 U 盘之前,与电脑配套广泛使用的是磁盘,当时市场上正版磁盘的价格是 5 元/张,而杂牌磁盘的价格一般是 2 元/张。很多消费者毫不犹豫地会选择正版磁盘,因为他们明白低质量的杂牌磁盘一旦发生质量问题会给自己带来怎样的损失。另外,消费者会认为那些价格能够反映自身价值的产品即形象产品具有很高的价值,而对价格极其不敏感。比如,银行发行的信用卡金卡比其他信用卡的年费要贵得多,这是因为办理金卡的顾客将它看成是地位、身份的一种象征,能从中获得极大的满足

感。除了形象因素外,还有一些顾客愿意支付较高的价格购买某种产品和服务,是为了避免与他人共享这种产品和服务而从排他性中得到额外的附加价值。比如,医生、律师、美容师通过提高价格控制预约客户的数量,以高价格购买航班头等舱、列车软卧的旅客可以享受更舒适的旅行。

⑤支出效应 支出效应是指当费用支出总额较大或占个人、家庭收入的比例越大时,顾客对价格越敏感。对大多数消费者来说,为了一次不太贵的"即兴购买",没有必要浪费自己的时间和精力去证明它的价格是否合算。当然,支出效应会随着家庭和个人的收入变化而变化。

⑥最终利益效应 最终利益效应是指产品价格占最终利益总成本的比例越小,顾客对价格越不敏感。营销活动可以利用最终利益效应,将一件产品说成是更大的最终利益的一小部分,从而让消费者对其价格不敏感。所以,那些作为巨大花销附属品的产品往往可以制定高价,如汽车美容产品、电脑的杀毒软件等。更重要的是,最终利益效应不仅是一种经济效应,在很多时候还是一种心理效应。设想一下,在一家高级饭店庆祝结婚纪念日,看到丈夫用优惠券结账,妻子会作何感想呢?再设想一下,情人节时,看到男朋友为玫瑰飞涨的价格而愤愤不平,女朋友的心情又会如何呢?除非她们都是经济学家,否则会认为太煞风景了。显然,当最终利益掺杂了大量的情感因素时,绝大部分人会认为费力寻找最合算的交易、最便宜的价格是非常俗气的事。

⑦分担成本效应 分担成本效应是指当顾客本人承担的成本比例很小时,他对价格就越不敏感。当患者的医药费用由保险公司支付时,当大学生的学费由某个基金赞助时,当交通、通信费用由企业报销时,消费者对相关产品的价格是毫不在意的,因为"事不关己、高高挂起"。分担成本效应导致了一些十分有意思的促销策略。比如,航空公司和饭店给常客提供一些奖品,商业顾客与其他顾客相比,对这些奖品的评价比减价的评价要高很多;商学院为EMBA学员安排了更多的上课时间、更大牌的名师、更昂贵的出国学习机会,只是因为这些学员的学费通常都是雇主承担的。

⑧公平效应 公平效应是指价格超出顾客理解的"合理公平"的范围越多,顾客对价格越敏感。但消费者对"合理公平"的感知有时是非常主观的。比如,同一件衬衫,被告知是在美美百货购买的与被告知是在朝天门批发市场购买的,人们可接受的价格会有很大的差别。另外,对公平的理解还与产品是否是生活必需品有关。为必需品制定高价往往被认为是不公平的,因为它降低了人们的生活质量。正如人们对农产品涨价十分反感,而不会反对汽车、珠宝等奢侈品的高价。

【阅读材料3.3】

互联网提高消费者的敏感度了吗?

随着越来越多的商业活动转移到网上进行,生意人和制造商都希望努力解决这样一个问题:网上购物的消费者对价格变得更加敏感了,还是更加不敏感?

显然在多数情况下,互联网使消费者有了更多的选择。即使网上分销价格与传统渠道价格一模一样,网上消费使消费者更容易确定供应商,提高他们得到低价格的可能性(参考价格效应)。因此,许多研究者认为,互联网提高了价格敏感度,压低了价格。但事实并非如此,另外一些影响因素同样值得加以关注。网上出售的产品质量相对实物购买缺乏确定性(对比困难效应),因为消费者在商店比在网上更能对产品作出检查,并且如果产品不合格,消费者可以将产品退还给经销商。所以,当商店有同样的产品选择时,消费者可能会不愿意尝试用更低价格购买没有品牌的一般产品(价格质量效应)。另外,在服务方面,如果消费者无法确定销售商是否是合法商人,是否会按承诺及时递送产品,是否能对信用卡信息保密,消费者可能更愿意与有信誉的销售商交易(同样是比较困难效应),即使付出了一个较高的价格。还有,对那些具有较高收入的消费者来说,选择网上购物是因为方便而非价格(支出效应)。调查表明,相当部分的消费者在网上购物不是为了得到更好的价格,而是为了使购买经历更加便捷或者是为了拥有更多的产品选择。

(资料来源:托马斯·内格尔,等.定价策略与技巧[M].应斌,等,译.北京:清华大学出版社,2008.)

(2)价格敏感度测试(PSM)

影响消费者价格敏感性的各种因素交织在一起,会使消费者产生一个相关产品的心理价格区间。产品价格只有落在这样的一个变动范围内,才能得到消费者的初步认可,使消费者产生进一步了解该产品的兴趣并最终转化为购买行为。随着市场研究技术的不断发展,价格测试模型不断推陈出新。这里,我们介绍其中一种简单实用、操作方便的价格测试模型——价格敏感度测试模型(PSM,Price Sensitivity of Model)。

①PSM模型的方法及步骤。

第一步:向目标顾客介绍某一产品或服务(注意不涉及品牌等产品属性信息)。

第二步:向被访者出示价格测试标尺(见图3.2)。要求标尺上的价格范围涵盖所有可能的价格点,一般对低价格和最高价格往往要求低于或高于可能的市场价格3倍以上。

第三步:向被访者询问以下4个问题:

Q1a:什么样的价格您认为太便宜,以至于您怀疑产品的质量而不去购买?

图3.2 价格测试标尺

（太便宜以至于不购买的价格）

Q1b:什么样的价格非常便宜,并是最能吸引您购买的促销价?（太便宜的促销价格）

Q2:什么样的价格您认为是比较便宜的?（比较便宜的价格）

Q3:什么样的价格是您认为贵,但仍是可接受的价格?（比较贵的价格）

Q4:什么样的价格太高,以至于不能接受?（太贵以至于不购买的价格）

第四步:统计4个问题在不同价格点上的频数,画出累计频率分布表（见表3.5,表3.6）。其中对"太便宜"和"便宜"的价格进行向下累计频率统计,对"贵"和"太贵"的价格进行向上累计频率统计。

表3.5 向下累计频率表

太便宜				便宜			
价格	频数	频率	向下累计频率	价格	频数	频率	向下累计频率
P_1	n_{11}	f_{11}	100%	P_1	n_{21}	f_{21}	100%
P_2	n_{12}	f_{12}	$100\% - f_{11}$	P_2	n_{22}	f_{22}	$100\% - f_{21}$
P_3	n_{13}	f_{13}	$100 - f_{11} - f_{12}$	P_3	n_{23}	f_{23}	$100\% - f_{21} - f_{22}$
…	…	…	…	…	…	…	…
…	…	…	…	…	…	…	…
总计	n			总计	N		

表3.6 向上累计频率表

贵				太贵			
价格	频数	频率	向上累计频率	价格	频数	频率	向上累计频率
P_1	n_{11}	f_{11}	f_{11}	P_1	n_{21}	f_{21}	f_{21}
P_2	n_{12}	f_{12}	$f_{11} + f_{12}$	P_2	n_{22}	f_{22}	$f_{21} + f_{22}$
P_3	n_{13}	f_{13}	$f_{11} + f_{12} + f_{13}$	P_3	n_{23}	f_{23}	$f_{21} + f_{22} + f_{23}$
…	…	…	…	…	…	…	…
…	…	…	…	…	…	…	…
总计	n			总计	n		

第五步:根据向上与向下累计频率,画出4个价格的累计频率分布图(见图3.3)。

其中,"太便宜"与"太贵"的交点所对应的价格 B 是产品的最优价格点,因为在这一点上,既不觉得"太贵"也不觉得"太便宜"的消费者是最多的,产品价格的可接受程度最高;"太便宜"和"贵""太贵"和"便宜"的两个交点对应的价格 AD 构成市场可接受价格区间;而"便宜""贵"的交点对应的价格 C 被称为"不关心点",因为在这一点上认为产品价格既不贵也不便宜的消费者是最多的,这实际上反映了消费者对产品价格的一种漠不关心的态度。

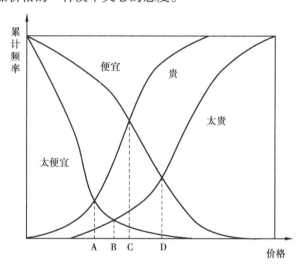

图3.3 基于 PSM 模型的价格确定

②PSM 模型的优点和缺陷。PSM 模型的最大的优点在于它站在企业的立场上,从消费者的角度来进行定价。这就是说,该模型既充分考虑了消费者的主观意愿,又兼顾了企业追求最大消费群体的利益,这对传统的定价观念来说应该是一种进步。因而,在市场研究的价格测试中,PSM 模型得到了广泛的应用。但同时我们也应当看到,PSM 模型在研究方法的设计上也存在缺陷,这主要表现在:PSM 模型只考虑了消费者的接受程度而忽视了对消费能力的研究,因为消费者也许觉得产品价格是可以接受的,但由于购买能力的限制而不会购买;另外从企业的角度看,PSM 模型只是追求了现实的最大的消费群体而放弃了市场潜量,所以从这个角度看,PSM 模型只是价格测试的短视行为。

3)消费者类型

将消费者按照某种标准划分为不同的类型是细分市场的关键手段。当然,划分标准视需要可以多种多样。在这里,我们着重介绍 Harmer(1989)的划分标准和方法。Harmer 认为,各种影响消费者价格敏感性的因素作用于消费者后会产生两种结果:对产品差异价值的感受和对价格感知的痛苦。按照这两个维度,可将消费者划分为4种类型(见图3.4)。

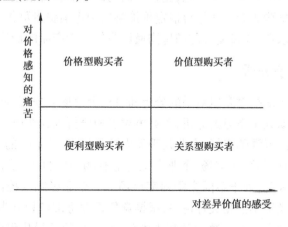

图3.4 消费者细分的 Harmer 模型

(1)价格型购买者

这种类型的消费者总是寻找最低价格的产品,他们对产品的质量要求不高,很少浪费时间和精力去寻找、比较产品间的差异,只要满足可接受的最低质量水平就行,不愿意为产品质量的改进支付相应的溢价。价格型购买者一般选择在淘宝网的小店或自由市场等渠道购买产品,且在最终实施购买行为前会讨价还价、"价"比三家。对价格型购买者,供应商向他们提供最低价格保证是非常有效的。

(2)便利型购买者

便利型购买者对品牌之间的差异不太关注,同时也不太关注价格。他们一般会选择对自己来说最方便的渠道购买,比如离家最近的小卖店,或者向比较熟悉的供应商购买比较熟悉的产品。对便利型购买者,提供延伸服务如送货上门是非常重要的。如今,随着人们生活方式和观念的改变,出现了"宅男""宅女"、SOHO等,这些顾客在日常生活消费方面越来越向"便利型"转变。

(3)关系型购买者

关系型购买者往往对某些品牌已经形成了强烈偏好,该偏好的形成是基于供应商良好的声誉或他们过去使用该品牌的经验。因此,只要该偏好品牌的价格没有大大超过其心理承受范围,他们就不会更换供应商。比如,出门旅行他们会选择特定航空公司的特定航班;购买日用消费品,他们会去同一个地方购买同一个品牌的产品。对于关系型购买者,供应商应思考如何建立并维持这种良好的关系,使他们成为企业高度忠诚的终身客户。

(4)价值型购买者

价值型购买者可能是最"理性"的消费者。他们关注产品的性价比,认为一分钱一分货,愿意为产品的性能提升支付相应的溢价。在实施购买行为前,价值型购买者会通过各种渠道收集相关信息,比较产品间的性能和价格差异,寻求价格与价值的匹配。价值型购买者是实施价值定价策略的理想消费者群体,企业应关注、理解他们的价值诉求点,通过良好的销售沟通说服他们为产品的价值埋单。

3.3.3 竞争分析

竞争分析主要是指对竞争对手的分析和对整个市场竞争态势的分析。这里我们主要阐述对市场竞争态势的分析,对竞争对手的分析则放在第九章中讨论。

在一个竞争性很强的市场,企业几乎无力控制价格,其定价的主动性受到市场抑制;相反在垄断性很强的市场,企业在定价上有相当的自由,价格策略的自主选择余地也较大。因此,处于不同竞争程度市场上的企业影响和控制价格的能力是大不相同的。在经济学的相关理论中,根据竞争程度将市场划分为 4 种市场结构,不同市场结构在供求双方的数量及其规模分布、产品的差异化程度和企业进出该行业的难易程度等方面是不同的。理解不同市场结构的主要特征,对企业提高定价决策的市场环境适应性是非常重要的。

1)完全竞争市场

完全竞争市场有很多的买者与卖者,且买卖双方都可自由进入或退出;同时没有任何一个买者与卖者可以影响价格,他们都是市场价格的被动接受者;产品间不存在差别。于是,在这种市场结构条件下,任何一个生产者既不可能通过生产与销售来控制市场价格,也不可能通过产品差异化来控制市场价格,市场价格完全是通过产品的供求竞争所形成的。因此,市场价格作为企业经营的外部条件,迫使每个企业提高劳动生产率,把生产规模调整到成本最低点,以求在短期内获得超额利润。当然市场价格也为企业的价格制定提供了参考。当然,完全竞争市场在现实经济生活中是不可能存在的,一般认为只有农产品市场比较接近于完全竞争市场。

2)垄断竞争市场

垄断竞争市场有很多生产者与消费者,进入与退出比较容易,产品间存在差异。因此,每个企业都能控制其产品价格,从而成为价格的决定者。但有时,企业会采取各种营销手段,维持本企业产品较高的市场售价;有时又会出于竞争的需要,降低产品售价以争取有利的市场地位。在垄断竞争市场,每个企业都有可能对自己所生产的差别产品形成竞争中的垄断地位,通过对该产品价格的话语权和支配权来获得超额利润,这是定价策略取得成功的关键。

3)寡头垄断市场

寡头垄断市场只有为数不多的生产者,每个生产者的市场份额都较大,占有举足轻重的地位;产品间有一定的差异或完全无差异;进入、退出壁垒较高。一般而言,寡头垄断市场的价格不由市场供求直接确定,而由少数寡头结合自身利益与行业利益、在相互摩擦中通过协议或默契来协调确定,并且因为寡头垄断的竞争格局能够长期保持均衡,所以这种价格一旦形成就具有相对稳定性。至于该市场的中小企业则依附在垄断寡头周围,服从于寡头们的领袖价格,对价格的形成不发生作用。

4) 完全垄断市场

完全垄断市场只存在唯一生产者,不存在任何替代产品,其他生产者要想进入该市场基本上是不可能的,生产要素基本停止流动。作为唯一的产品供给者,垄断企业可以通过产量的变化完全左右市场价格。当然,其价格确定也不能完全随心所欲,除了国家政策和法律的约束外,还需考虑需求价格弹性、消费者收入状况、潜在替代品竞争状况等。在当今的市场经济背景下,完全垄断无外乎两种:一种是政府垄断;一种是少数掌握某种专利的企业在不违反国家法律下的垄断。

以上是从 4 种市场结构类型的角度分析市场竞争状态对企业定价决策的影响。至于一些具体的市场结构要素对企业定价策略的影响,如图 3.5 所示。

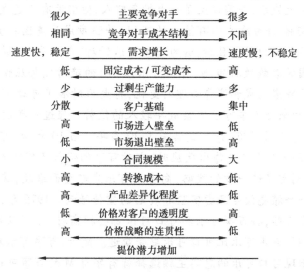

很少	主要竞争对手	很多
相同	竞争对手成本结构	不同
速度快,稳定	需求增长	速度慢,不稳定
低	固定成本 / 可变成本	高
少	过剩生产能力	多
分散	客户基础	集中
高	市场进入壁垒	低
低	市场退出壁垒	高
小	合同规模	大
高	转换成本	低
高	产品差异化程度	低
低	价格对客户的透明度	高
高	价格战略的连贯性	低

提价潜力增加

图 3.5　市场结构要素影响定价自由度

总之,一个企业应清楚地了解自己的产品所处的市场结构特点,明白谁是价格领导者、谁是价格影响者、谁又是价格追随者以及自己在竞争中所处的地位,为价格及价格背后的营销组合策略的制定与调整寻求依据:是攻击市场主导者,与之争夺市场还是攻击小企业,将其逐出市场? 是正面进攻、侧翼包围、围追堵截还是虚晃一枪? 让我们来看看百事可乐对可口可乐的经典对决。

【案例 3.8】

百事可乐对可口可乐的挑战

　　世界上第一瓶可口可乐诞生于美国,世界上第一瓶百事可乐同样诞生于美国,但百事可乐却比可口可乐晚了 12 年。由于可口可乐从 1886 年诞生之日起就已经开始大力开拓市场,12 年后早已声名远扬,人们一提起可乐,就非可口可乐莫属,因而百事可乐在第二次世界大战以前一直不见起色,曾两度处于破产边缘。尽管 1929 年开始的大危机和第二次世界大战期间,百事可乐为了生存,不惜将价格降至 5 美分/镑,是可口可乐价格的一半,以至于差不多每个美国人都知道“5 分镍币可以多买 1 倍的百事可乐”的口头禅,但百事可乐仍然未能摆脱困境。显然,在碳酸饮料行业,可口可乐和百事可乐一个是市场领导者,一个是市场追随者。作为市场追随者,一般有两种战略可供选择:向市场领导者发起攻击以夺取更多的市场份额;或者是参与竞争,但不让市场份额发生重大改变。显然,经过近半个世纪的实践,百事可乐公司发现,后一种选择连公司的生存都不能保障,是行不通的。于是,百事可乐在第二次世界大战后开始采取前一种战略,向可口可乐发出强有力的挑战。

　　第二次世界大战后,美国诞生了一大批年轻人,他们没有经过大危机和战争洗礼,自信乐观,与他们的前辈们有很大的不同,并逐步成为美国社会的主要力量。他们对一切事务的胃口既大且新,这为百事可乐针对“新一代”的营销活动提供了基础。当时美国的碳酸饮料市场,可口可乐以 5∶1 的绝对优势压倒百事可乐。百事可乐分析了消费者构成和消费心理的变化,将火力对准了可口可乐的“传统”形象,作出种种努力来把百事可乐描绘成年轻人的饮料。经过 4 年的酝酿,“百事可乐新一代”的口号正式面市,并一直沿用了 20 多年。当 10 年后,可口可乐试图对百事可乐俘获下一代的广告作出反应时,它对百事的优势已经减至 2∶1 了。而此时,百事可乐又制定了进一步的战略,向可口可乐发起全面进攻,其中有两仗打得十分出色。第一个漂亮仗是品尝实验和其后的宣传活动。1975 年,百事可乐在达拉斯进行了品尝实验,将百事可乐和可口可乐都去掉商标,分别以字母 M 和 Q 做上暗记,结果表明,百事可乐比可口可乐更受欢迎。随后,百事可乐对此大肆宣扬,在广告中屡屡出现可口可乐的忠实主顾选择标有字母 M 的百事可乐,而标有字母 Q 的可口可乐却无人问津的场景。广告宣传完全达到了百事可乐的预期目的:让消费者重新考虑他们对“老”可乐的忠诚,并把它与“新”可乐相比较。可口可乐对此束手无策,除了指责这种比较不道德,并且吹毛求疵地认为人们对字母 M 有天生的偏爱之外,毫无办法。结果,百事可乐的销售量猛增,与可口可乐的差距缩小为 2∶3。1983 年年底,百事可乐又以 500 万美元的代价,聘请迈克尔·杰克逊拍摄了两部广告片,并组织杰克逊兄弟进行广告旅行。这位红极一时的摇滚乐歌星为百事可乐赢得了年轻一代狂热的心。广告播出才一个月，百事可乐的销量就直线上升。据百事可乐公司自己统计，在广告播出的一年中，大约97%的美国人收看过，每人达12次。几乎与此同时，百事可乐利用可口可乐和包装商们的利益纷争，以及联邦贸易委员会对饮料行业特许包装体制的反对，争取过来数家包装商，并且让可口可乐公司遭受了一次非常公开的挫折。1984年5月，负责官方饮料供应的快餐联号伯格·金公司因不满可口可乐转向其竞争对手麦当劳公司，于是交给百事可乐一纸合同，让它为全美2 300家伯格·金快餐店提供3 000万升饮料，仅此一项每年为百事可乐增加3 000万美元的收入。伯格·金的"倒戈"，令百事可乐获益匪浅。

在百事可乐发起挑战之后不到3年，美国《商业周刊》就开始怀疑可口可乐是否有足够的防卫技巧和销售手段来抵御百事可乐的猛烈进攻。1978年6月12日，《商业周刊》的封面赫然印着"百事可乐荣膺冠军"，百事可乐第一次夺走了可口可乐的领先地位。

（资料来源：http://www.chinavalue.net/Finance/Article/2006-4-2/25576.html.有删改。）

百事可乐的成功充分说明，市场结构及竞争地位是相对的、动态的，低价并不是企业战胜对手的法宝，在产品价格的背后是各种营销策略的综合支撑与较量。

【复习思考题】

1. 企业定价的一般程序是怎样的？
2. 确立以市场占有率为目标的定价策略应注意哪些问题？
3. 会计账簿上的所有成本在每一次定价决策时是否都应考虑？为什么？
4. 请结合实际，说说收集定价信息时应注意哪些问题？
5. 什么是相关成本？相关成本一般包含哪些成本类型？
6. 请用经济学中有关停止营业点、收支相抵点的概念来解释为什么沉没成本不是定价决策的主要依据。
7. 请你谈谈对顾客经济价值、顾客让渡价值、顾客认知价值的理解。
8. 什么是"人性化"的价格策略？如何理解？
9. 请举例说明反映消费者价格敏感性的各种效应在营销实践中的运用。
10. 试说明不同市场结构类型对企业定价的影响及企业适当的应对策略。

【实践练习题】

1. 某化妆品企业拟推出一款新的护肤品，为了了解消费者的心理价格区间，在

300 名消费者中作了价格敏感性测试,得到有关数据如下:

太贵		贵		便宜		太便宜	
价格(元)	频数	价格(元)	频数	价格(元)	频数	价格(元)	频数
62	4	61.5	3	60.5	1	60.5	6
62.1	1	61.7	1	61	3	60.6	1
62.4	20	61.8	2	61.2	1	61	99
62.7	1	62	30	61.3	2	61.1	3
63	44	62.1	1	61.4	1	61.2	28
63.5	21	62.2	1	61.5	61	61.3	14
64	31	62.3	2	61.6	1	61.4	6
64.5	4	62.5	40	61.7	2	61.5	97
65	60	62.8	2	61.8	5	62	29
65.5	1	63	50	62	69	62.5	2
65.7	1	63.5	23	62.2	2	63	3
66	13	64	33	62.3	1	64	1
66.5	1	64.5	5	62.5	52	64.8	1
67	5	65	24	63	37	65	5
67.5	1	65.2	1	63.5	6	68	1
68	20	65.5	1	64	16	70	1
68.5	1	66	21	64.1	1	73	1
69	10	66.5	1	64.5	1	75	1
70	40	67	20	65	15	78	1
71	1	67.5	2	65.5	1		
72	4	68	21	66	7		
73	1	69	2	66.5	1		
75	4	70	6	67	1		
77	1	72	1	68	3		
80	4	75	4	69	4		
85	2	82	1	70	2		
90	2	85	1	71	1		
100	2	90	1	80	2		
				85	1		
总计	300		300		300		300

请用 PSM 模型测定消费者的心理价格区间及最优价格。

2. 以下是某些企业的定价目标,请指出目标设定中存在的问题并加以改正。

(1)定价目标:利润最大化

(2)定价目标:增加销售额

(3)定价目标:2008 年增加 18% 的广告开支

(4)定价目标:成为本行业最出色的企业

第 **4** 章

企业定价方法

企业定价方法是企业为了实现定价目标,给自己销售的产品和服务制定的价格规范。虽然企业具体实施的价格策略可以根据实际情况千变万化,但不管什么样的策略都是 3 种定价方法的具体运用,即成本导向定价法、需求导向定价法和竞争导向定价法。本章在评述 3 种定价方法的基础上,简要介绍每种方法下的常用定价策略,对需重点分析的定价策略则放在以后的相关章节中加以具体研究。

4.1 成本导向定价法

成本导向定价法是将成本作为制定产品价格中心依据的一种定价方法。在实践中,由于对成本的理解和侧重不同,形成了多种不同的体现这种方法的定价策略。

4.1.1 成本加成定价

成本加成定价可以说是最简单、最基本的定价策略了,它认为产品价格是在产品单位成本的基础上加一个理想的利润加成率形成的,即:

$$产品价格 = 单位成本 \times (1 + 加成率)$$

【案例4.1】

某食品企业生产的某品牌饮料预计的成本和销售额如下:单位可变成本 2 元,固定成本总计 15 万元,预计销售量 10 万瓶。若企业想要获得20%的利润加成,则每瓶饮料的价格是多少?

因为每瓶饮料的单位成本是:$2 + 15/10 = 3.5$(元),则按照成本加成定价的思想,其价格应为:$3.5 \times (1 + 20\%) = 4.2$(元)。

成本加成定价最大的优点在于操作简单,计算方便。但是,这种策略存在以下缺陷。首先,加成率往往是企业站在自己的角度确定的,而市场需求与竞争状况瞬息万变,加成率在很大程度上可以说是企业一厢情愿的事。另外更致命的是,成本加成定价需要在确定产品价格之前就确定产品的单位成本,而单位成本会随着产品销量的变化而变化,但产品的销量又与产品的价格有关,于是又回到了问题的起点,成为一个悖论。为了处理这个逻辑谬误,成本加成定价只能假设价格与销量无关,不考虑销量对成本的影响。这种假设使得定价在无形中损害了企业的长远利益,使企业陷入恶性循环的危险境地:当销量减少时,单位成本上升,产品价格上涨,高价格使得销量进一步减少,单位成本继续上升,价格继续上涨……王安公司的遭遇可以说明这一问题。

【案例4.2】

<h3 style="text-align:center">王安公司的悲剧</h3>

1976年,王安公司推出世界上第一台文字处理机。产品一问世便迅速占领了市场,公司一度以成本加成定价的模式为其产品定价而得以迅速地成长。然而,到20世纪80年代中期,带有文字处理软件的个人电脑逐渐成为该产品的强大竞争对手。在竞争加剧、增长放慢的环境下,公司所信奉的定价哲学开始扼杀他的竞争优势:随着销量的减少,单位成本不断上升,公司便提高价格,导致销量迅速减少……不久,许多老顾客纷纷"背叛"了王安,转而选择其他公司更便宜的替代品。

(资料来源:托马斯·内格尔,等.定价策略与技巧[M].应斌,等,译.北京:清华大学出版社,2008.)

而同时,当企业产品供不应求时,由于销量的上升使得单位成本下降,产品价格也随之下降。即使企业受到堆积如山的订单,产品价格也不会得以提高以反映市场情况,由此企业丧失了增加利润、加快发展的大好机会。也就是说,成本加成定价造成了在弱势市场定价过高而在强势市场定价过低的悲惨局面。

如今,很多企业的管理者都已认识到这一定价模式的危害。从目前的定价实践来看,成本加成定价一般只适合卖方市场。因为只有在卖方市场,价格未定之前,企业的成本与销售量才可以比较准确地预测。比如,公用事业单位产品的价格制定、建筑公司工程承包的投标价格制定可采用这一策略。

4.1.2　收支平衡定价

收支平衡定价是利用盈亏平衡点的原理来指定产品价格的。

$$产品价格 = (固定成本/总产量) + 单位可变成本$$

若产品能以这样的价格顺利销售出去,企业就可达到收支平衡,实现保本经营。在市场不景气的暂时困难情况下,保本经营比停业损失要小得多,并且企业也可借此机会观察市场变化,根据实际情况选择、调整经营方向。

收支平衡定价与成本加成定价相比,虽不用再主观地确定加成率,但仍然只考虑了成本对价格的影响。并且,在这种模式下要实现定价目标有一个前提:产量必须等于销量,即生产出的产品以这样的价格必须全部销售出去。但实际上产品的市场销量是难以控制的,特别是在市场供求波动比较大的时候,预期的保本经营则很难保证。

4.1.3 边际成本定价

在经济学中,产品价格被视为边际收入。边际成本定价是利用边际收入、边际成本与边际利润的关系来确定产品价格的。

$$边际利润 = 产品价格 - 边际成本$$

边际利润又被称为边际贡献。边际成本定价认为,在短期内,只要产品的价格能使边际利润为正,则这样的定价对企业的利润增加就是有贡献的。

【案例4.3】

某企业年生产能力10万件,固定成本1 800万元,单位可变成本360元。2008年由于金融危机的影响,市场情况恶化,1—10月企业只有5万件订单,价格为600元/件。11月,一位客户要求以7.5折的价格订购3万件产品,企业是否可接受该订单?

1—10月产品总利润贡献为:$(600 - 360) \times 5 = 1\,200$(万元),这1 200万元可用于弥补固定成本,但还亏损600万元。新订单的产品总利润贡献为:$(600 \times 0.75 - 360) \times 3 = 270$(万元),如果企业接受新订单,这270万元也可用于弥补固定成本,于是企业的亏损额将减少至330万元,若不然,企业在2008年的亏损额将达到600万元。所以,尽管打折后价格降为450元,但仍能使产品的边际利润大于零,以这样的价格销售产品可以减少亏损,而减亏实际上也就是赢利,接受新订单是有利可图的。

事实上,边际成本定价的指导思想是在定价时只考虑边际成本,即增量成本和可变成本,非增量成本和沉没成本则不加以考虑,而成本加成定价及收支平衡定价则要求考虑所有会计成本。回忆一下上一章中有关成本分析的内容,我们就会明白边际成本定价的道理。边际成本定价强化了成本管理,增强了企业的赢利性。从这一点上来讲,边际成本定价与成本加成定价、收支平衡定价相比是一个进步。

特别是对于需求弹性较大的商品,如果市场竞争非常激烈,企业采用这一模式制定产品价格,可大大提高产品的竞争能力,也有利于挖掘企业的生产潜力、增加企业经营的灵活性。另外,企业还可根据各种产品边际利润的大小来安排企业的生产能力,在充分利用企业资源的基础上实现最佳的产品组合。当然,边际成本定价也有其局限性:首先,如果企业长期以这种模式定价,固定成本补偿有限,必然会危及到企业的长远发展;其次,如果一直以较低价格出售产品,企业容易招致竞争对手的报复和相关法律、法规的制裁。

总之,成本导向定价法实施简便,是企业最基本、最常用的定价方法,它强调对产品成本的充分补偿和赢利的可能,企业定价必须以产品的成本为基础。但这种方法最大的缺陷在于只考虑成本对价格的影响而忽略定价对成本的反作用,只考虑企业自身的发展现实而不顾外部市场环境的实际状况,"闭门造车"的结果在市场上往往徒劳而无功。

4.2　需求导向定价法

如今,市场上有很多产品,它们的生产成本很低,但就是因为消费者对这些产品产生了很大的认知和接受程度,其令人瞠目结舌的价格就不是用成本能衡量的了。需求导向定价法正是基于市场对产品需求的强度、对产品价值的理解程度等来自于消费者的因素确定产品价格的一种定价方法。

4.2.1　可销价定价

可销价定价首先须估计市场的零售价及各个流通环节的价格差率,然后再从这个价格出发,利用有关价格差率,倒推出产品的出厂价格。

出厂价 = 市场可销零售价 × (1 - 批零差率) × (1 - 进销差率)

【案例4.4】

某企业通过市场调查,确定消费者对可接受的产品零售价格为20元,以往这类商品批发企业与厂家的进销差率为6%,批零差率为8%,若以可销价定价,该产品的出厂价应为多少?

因为出厂价 = 市场可销零售价 × (1 - 批零差率) × (1 - 进销差率)

所以该产品的出厂价为:20 × (1 - 8%) × (1 - 6%) = 10.37(元)

可销价定价能反映市场供求状况,企业可根据市场价格波动及时调整产品价格,有利于开拓销售渠道。但企业必须对市场可销零售价进行准确预测和估计,在实践中通常采用的方法是选择有代表性的地区或消费者进行价格测试。

4.2.2 市场细分定价

任何一个产品市场都存在无数的消费者,每个消费者的需求会因其社会、经济、自然、文化的差异及年龄、职业、性别、习惯的不同而千差万别。细分定价以消费者对同一种产品在时间、数量、地点、购买力、偏好等方面表现出来的需求差异,制定不同的价格。根据细分市场的标准,细分定价通常有以下表现形式:

1) 消费者差异定价

这种形式主要是针对消费者自身的差异,如身份、年龄、性别、职业、收入水平等因素对同一种产品制定不同的价格。比如,公交车的乘车卡分为学生卡、老龄卡而实行相应的价格优惠,水、电、气价格分为民用价格和商业价格等。

2) 产品差异定价

不同的消费者常因偏好、购买力等因素的影响,对同一类产品在质量、包装、花色、式样等方面产生不同的需求。企业可以针对为了迎合消费者不同的口味而表现出的这些产品差异,制定不同的价格。例如,人民文学出版社最新出版的《哈利波特》珍藏版,全套七册的定价为 380 元,而普通平装版全套七册的定价为 290 元。

3) 购买地点差异定价

在这种形式下,同样的产品在不同的购买地点价格不同,如一听可口可乐在沃尔玛、家乐福等超市的售价是 2 元,在电影院的售价是 8 元,在五星级酒店的售价则高达 38 元。购买地点差异定价在国际产品定价中的应用十分普遍。

4) 购买时间差异定价

在这种差异定价的形式下,产品的价格可以随着不同季节、不同日期甚至不同时刻的变动而变动。例如,平时的长途电话费用高于周末;电视广告在黄金时段的收费最高;晚上 8 点钟以后很多超市的新鲜蔬菜打对折出售等。

5) 购买数量差异定价

一般而言,商品的销量越大,企业越容易获得规模收益,生产成本越低。因此,企业常对大批量购买产品的顾客给予价格优惠。例如,一听啤酒的价格为 3 元,一打啤酒的价格则为 32 元。当然,对优惠数量和优惠幅度的确定是非常关键的。

6) 交易条件差异定价

交易条件涉及付款方式、交货期限、交货方式等方面,根据交易条件的不同,企业可以对同样的产品制定不同的价格。在有的商场,现金支付在商品标价的基础上可以打9.5折,信用卡支付则维持原价。而在网上购物,购买者对交货期限的要求越短,支付的价格越高。

细分定价实质上是建立在消费者细分基础上的一种差别定价行为。它打破了一物一价的传统模式,满足了不同消费者的偏好和需求,有利于企业增加销量、提高利润水平。企业在采用这种定价形式时,首先应注意遵守相关法律法规的规定,同时应使细分市场的依据符合一般的营销规律和消费者对公平性的理解而不致引起顾客的反感和敌意,最后还需防范不同细分市场之间的套利行为以免差异定价失效。

有关基于各种差异化的细分定价将在第6章的学习中作详细讨论。

4.2.3 消费者价值定价

【案例4.5】

诺基亚8800手机的奇迹

2005年,诺基亚经典8系列推出8800手机,零售价格即其型号:8 800元。虽然它既没有百万像素功能,也不具备先进商务功能,但就因为具有强烈贵族气质的隽永外形而得到目标消费群体的高度认可。产品一上市便一炮而红,成为"富人"们争相竞购的宝贝。由于公司对市场预估失误,库存严重不足,上市没几天在北京、上海、成都出现大面积断货。这"无心插柳"的举动给飙升的价格又加了一把火,其价格一度被炒到1万元,购买者仍然热度不减。最后,这款手机的售价一度竟达到12 800元,远远超过了产品的成本,创造了手机市场的奇迹,令还在醉心于打价格战的国产手机们唏嘘不已。2008年6月2日,诺基亚推出其至尊经典系列的全新杰作诺基亚8800a。它镶以合成宝石及高级订制皮革等精品材质,并融合诺基亚的极致科技与工艺设计精神,继续书写业界的奢华传奇。

(资料来源:根据有关材料作者整理。)

诺基亚8800定价成功的关键在于准确把握了目标顾客对产品的价值诉求,是价值定价的成功典范。

价值定价的重要意义在于从根本上改变了传统的定价观念。传统的定价是一种由内及外的推动方式,首先着眼于企业内部,然后再把产品推向市场,将价格强加给消费者。其定价模式为:

产品⟹成本⟹价格⟹价值⟹顾客

而价值定价反其道而行之,是一种由外及内的拉动方式,首先分析目标顾客对产品的价值评价及支付意愿,然后再决定通过什么样的成本控制设计生产产品。

其定价模式为：

顾客 ⟹ 价值 ⟹ 价格 ⟹ 成本 ⟹ 产品

关于价值定价的基本原理已在第 3 章中作了阐述，而在第 5 章的学习中将具体、详细地分析价值定价的关键问题及处理。

4.2.4　消费者心理定价

消费者在接受和认知产品的过程中，会产生不同的心理反应，形成衡量商品价格高低、价值大小、品质好坏的一系列标准以及对风险偏好的不同态度。心理定价正是在力求发现、总结消费者心理反应规律的基础上，针对消费者的心理反应特点来制定产品价格的。在如今绝大多数产品处于买方市场的背景下，可以这样说：谁最懂消费者，谁就赢得了市场。我们已经学过的定价策略，如习惯定价、尾数定价、声望定价等，都体现了消费者心理反应规律的应用。事实上，对消费者心理反应规律的应用在所有定价策略中都能得到或多或少的体现。对心理定价的学习，除了已有的知识外，还将在第 7 章中作进一步的系统研究。

总之，产品价格是否合理最终要得到消费者的评判，价格只有得到消费者的认可，消费者才会实现其购买行为。需求导向定价的进步在于扭转了传统定价观念中以企业为中心的局限，消费者的地位和话语权得到了承认和重视。但是，如何准确把握消费者的需求心理、如何准确理解消费者价值、如何准确判断消费者对价格的承受能力和反应等，这绝对要比估算自己的成本复杂得多。

4.3　竞争导向定价法

竞争导向定价法是从市场竞争结构和环境出发，将竞争对手的价格水平作为本企业主要的定价依据，以谋求在竞争中生存和发展的一种定价方法。企业依照竞争对手的价格水准，结合自己的产品特色和竞争地位，制定具有竞争力的产品价格，并随着竞争者价格的变动及时调整，以确保企业的竞争优势。

4.3.1　随行就市定价

随行就市定价是指在一个行业中，企业结合市场竞争格局，根据该行业的平均价格水平或该行业领导者的价格水平或主要竞争者的价格水平来确定自己产品市场价格的定价方法。参考行业定价是竞争导向定价法中最普遍的一种定价法。其优点主要体现在两个方面：一是人们普遍认为通行价格是合理的价格，能在最大程度上为消费者所接受；二是在通行价格下，参与竞争的企业以大致相当的价格出售产品，可避免企业间的价格大战和相互残杀，促使整个行业健康、稳定、协调发展。

在现实经济生活中,这种方法主要适用于产品同质化较大、竞争较激烈的行业。值得一提的是,随行就市定价虽然削弱了行业的竞争,但并不意味着竞争的消除,只不过是竞争的方式从价格竞争转变成了非价格竞争而显得更为隐蔽。

4.3.2 排斥定价

排斥定价是指在市场销售中,企业以价格为主要竞争手段将竞争对手排挤出现存市场或防止新竞争者的进入,以扩大自身市场份额的一种定价模式。典型的排斥定价有拍卖定价和投标定价两种。

1)拍卖定价

拍卖定价是一种比较古老而又延续至今普遍采用的独特的竞争定价,通常在经营拍卖业务的特定时间、场所,按照特定的规程有组织地进行,拍卖标的的价格由参与拍卖的买主竞价确定。拍卖定价最大的优点在于通过一个卖方与多个买方的现场交易,使不同的买方围绕同一物品或财产权利竞相出价从而在不断的竞争交锋中去发现标的的真实价格和稀缺程度,更直接地反映市场的供给与需求状况。常见的拍卖方式有以下两种:

(1)增价拍卖

增价拍卖又称"英格兰拍卖"或"低估价拍卖"。在拍卖过程中,拍卖人宣布拍卖标的的起叫价及最低增幅,竞买人以起叫价为起点,由低至高竞相应价,最后以最高竞价者以3次报价无人应价后,响槌成交,但成交价不得低于保留价。

(2)减价拍卖

减价拍卖又称"荷兰式拍卖"或"高估价拍卖"。在拍卖过程中,拍卖人宣布拍卖标的的起叫价及降幅,并依次叫价,第一位应价人响槌成交。但成交价不得低于保留价。

2)投标竞争定价

投标竞争定价又称"密封投标定价",是指在商品和劳务的交易中,采用招投标方式,由一个买主(或卖主)对两个以上相互竞争的卖主(或买主)的出价择优成交的定价方法。如今,在建筑施工、工程设计、设备制造、政府采购等需要取得承包合同的项目中,投标竞争定价被广泛使用。值得一提的是,从1994年开始,上海市为控制新增机动车总量、缓解交通拥堵,采用网上密封投标竞价对私车牌照进行市场化配置。

在投标竞争中,一个企业能否中标,在很大程度上取决于与竞争对手在技术、实力、价格等方面的综合较量。一般而言,报价高,利润大,但中标机会小;反之则报价低,利润小,中标机会大。因此,对参与竞标的企业来讲,确定一个合理的报价是非常关键的。基于"期望利润"的报价方案步骤如下：

首先,企业根据自身的情况确定几个备选的投标价格方案,并计算出各价格水平下的可能赢利。

然后,分析竞争对手的实力和可能报价,确定本企业各个方案的中标机会。

其次,根据每个方案的赢利水平及中标机会,计算每个方案的期望利润。

最后,根据期望利润的大小,确定投标价格方案。

【案例4.6】

某企业决定参加某市政建筑工程的投标竞价,根据自己的实际情况和对竞争对手的了解,确定不同的报价方案如下：

报价(万元)	利润(万元)	中标率
9 500	10	0.81
10 000	60	0.36
10 500	110	0.09
11 000	160	0.01

你认为该企业应该选择哪一种报价方案？为什么？

首先,从相关数据我们非常容易看出:第四种报价方案利润最高,但中标的可能性只有0.01;而第一种报价方案中标的可能性高达0.81,但利润只有区区10万元。考察各种报价方案的期望利润,分别是8.1万元、21.6万元、9.9万元、1.6万元。所以,综合考虑利润及中标的可能性,应该选择期望利润最大的方案,即第二种报价。

基于期望利润的投标定价最大的困难在于估计中标概率,这往往取决于竞争对手如何投标、如何报价,而每个参与者总是严格地保守商业秘密。企业应尽可能多地收集投标项目和竞标对手的信息,对中标概率的历史数据进行统计分析和预测,同时还需密切关注竞争对手的动向,及时调整自己的报价。总之,越了解竞争对手,越能使自己在投标竞争中处于主动地位。

当然,确定合理报价的"期望利润"标准并不唯一,有时企业也可基于其他的原则来判断报价的合理性。比如,如果企业为了争取长远的收益,可以选择低价竞标,通过项目的实施与招标方建立合作关系,树立良好的信誉和形象,以期将来获得更大的项目。另外,在投标竞价的实践中,还须注意以下问题:一是投标所需的准备费用、信息的收集费用、对竞争对手估算的费用等,这些都是即使不中标也无法收回的沉没成本;二是企业以某种价格中标后,是否能保证在这种方案下增量成本小于增量收入,若不然,则会产生"胜利者的懊悔"。

　　总之,竞争导向定价主要以竞争者产品的价格为定价中心依据,以竞争状况的变化来确定和调整价格,对现实市场动态的把握更加准确。但在实际操作中须密切关注竞争者对自己价格的反应。

　　在这一章中,我们介绍了3种基本的定价方法:成本导向定价法、需求导向定价法和竞争导向定价法。这3种方法各有优劣。事实上,在企业的定价决策过程中,成本、需求和竞争者3大因素都会影响产品价格。一般地,单位成本决定了产品价格的底线,竞争者价格提供了产品价格的标定点和参考点,而消费者对产品独特性的评价是制订高价格的依据和限度。

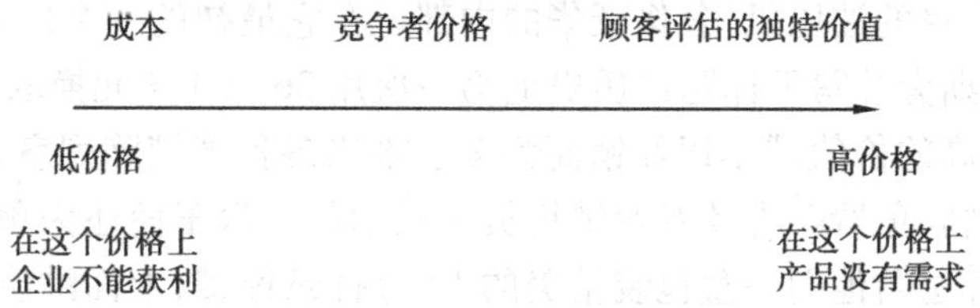

成本	竞争者价格	顾客评估的独特价值

低价格　　　　　　　　　　　　　　　　　　　　　高价格

在这个价格上　　　　　　　　　　　　　　　　　在这个价格上
企业不能获利　　　　　　　　　　　　　　　　　产品没有需求

图4.1　成本、需求和竞争者对产品价格的影响

【复习思考题】

1. 试比较成本导向定价法、需求导向定价法、竞争导向定价法的优劣。

2. 成本加成定价的主要缺陷是什么?

3. 收支平衡点对企业日常经营的重要意义是什么? 局限性又是什么?

4. 边际成本定价相对成本加成定价、收支平衡定价而言,其进步性与科学性体现在什么地方?

5. 请举例说明需求差异定价的各种表现形式在定价实践中的应用。

6. 消费者价值定价模式与传统定价模式有何本质区别?

7. 请结合自己的消费经验,说说消费者对产品价格存在哪些心理反应和特征?

8. 随行就市定价的主要优势是什么?

9. 在投标竞争定价的过程中,你认为确定合理竞价的关键是什么?

10.3种定价方法在实践中会出现矛盾吗? 如果有,你认为该如何解决?

【实践练习题】

1. 假如你是某企业的定价经理,你所在的企业一直严格按照成本加成定价。现在你通过相关知识的培训学习,意识到以前的定价策略应该加以改变。请你给你企业的董事会写一份书面报告,陈述自己的理由和想法。

2. 丰田公司认为,全世界有许多消费者想买也能买一辆价格不那么昂贵的汽车。过去,许多人因为梅塞德斯的性能和气派想买梅塞德斯,但又认为这种豪华汽车价格过高。这启发了丰田公司开发一种新车:这种新车能令人信服地与梅塞德斯比较,但却定位在一个较低的价格水平上。购买者会感到他们是聪明的买主,没有白白扔了钱而只换来些气派。丰田开发的这款新车就是凌志。它有着精心塑造的外形,引人注目的油压机,奢侈豪华的内部。在它最初的一个广告中,丰田将凌志画在梅塞德斯旁并写下标题:“历史上第一次用 36 000 美元换取 73 000 美元的汽车而获得更高的价值。”丰田经销商为凌志推出各种展销陈列室,那里有宽敞的空间、鲜花、植物、免费咖啡及专业销售员和展示厅。汽车商还为预期顾客制定了准顾客清单,并送给他们一盒包装精美的 12 分钟录像带,上面淋漓尽致地展现了凌志的性能特征。例如,录像带中一名工程师将一杯水放在一辆梅塞德斯和一辆凌志的引擎盖上,当发动汽车引擎时,水在梅塞德斯的引擎盖上摇晃,从而说明凌志具有更可靠的发动机并能提供更平稳的驾驶。早先的凌志购买者不仅满意,还很高兴地向他们的朋友醉心地诉说他们的新车,成为公司最好的义务销售员。

(资料来源:菲利普·科特勒. 营销管理[M]. 上海:上海人民出版社,1999.)

(1)以上对丰田凌志定价、营销过程的描述,你可以找到哪些定价方法及策略的运用?

(2)设想一下丰田推出凌志后,梅塞德斯将会面临什么样的困境? 你认为它可以采用哪些策略来应对挑战?

第 **5** 章

价值定价

价值定价,是所有定价策略的核心。如今的市场,缺少的不是产品,而是顾客。越来越成熟的顾客面临五光十色、琳琅满目的商品,总有自己的价值判断,总是基于价值最大化进行购买决策。因此,不管在什么行业、什么市场,对产品价格的确定都必须以分析目标顾客的价值为起点:深入研究消费者对产品价值的感受和反应,通过价值塑造和传递,提供最高消费者价值的产品,使消费者心甘情愿地支付接近自己心理底线的价格,这才是企业生存的王道。

5.1 价值定价原理

5.1.1 什么是顾客经济价值

我们在第 3 章第 3 节定价分析中已对顾客的经济价值作了定义。所谓顾客经济价值是指一个信息充分、完全理性的顾客的最高支付意愿,可用下式衡量:

$$顾客经济价值 = 参考价值 + 差异价值$$

其中,参考价值是顾客心中认为该产品最优替代产品的价格(成本);差异价值是该产品与最优替代产品相区别的属性价值,可正可负。产品价格必须低于顾客经济价值,消费者才会采取购买行为。图 5.1 给出了经济价值的直观解释。

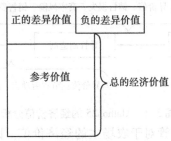

图 5.1 顾客经济价值分析

5.1.2 顾客经济价值分析框架

1) 分析步骤

第一步：找出被消费者认为是理想选择的替代品的成本（价格）。注意统一有关数量单位，例如，如果本产品能够替代两个同类产品，那么参考价值就是两个同类产品的成本。

第二步：找出所有本产品与替代品的差异因素。如性能、可靠性、功能、维护、服务等。

第三步：确定这些差异对消费者的价值。价值来源可能是主观的，如心理上的满足感；也可能是客观的，如节约了维护成本。

第四步：将参考价值与差异价值相加得到总的经济价值。这是信息充分、完全理性的顾客愿意支付的最高价格。

下面以杜邦公司的新型材料为例，说明如何确定顾客经济价值。

2) 一个实例

1955 年，杜邦公司开发了 Alathon25 聚乙烯树脂，与其他制造塑料导管的树脂竞争。用 Alathon25 制造的导管比其他树脂制造的导管更耐用。实验表明，用 Alathon25 制造的导管的故障率只有 1% ~3%，而用其他树脂制造的导管的故障率为 7% ~8%。那么，Alathon25 对导管制造商的经济价值是多少呢？

首先，分析 Alathon25 的参考价值。当时 Alathon25 最常用的替代品是质量较差的普通树脂，其价格是 0.28 美元/磅，因此 Alathon25 的参考价值是 0.28 美元。然后，分析 Alathon25 的差异价值。为分析 Alathon25 对导管制造商的差异价值，必须先分析用 Alathon25 制造的导管对导管使用者的差异价值，因为前者必须建立在后者的基础上。由于导管有许多用途，如埋在地下使用或露天使用，运送有毒废料或废水等。根据用途将消费者细分，产品的差异价值在不同细分市场显然是不同的。为了说明问题，我们以其中一个细分市场——用导管组成的地下灌溉系统为例来分析 Alathon25 导管的差异价值（见图 5.2）。

图 5.2 Alathon25 的经济价值分析

下面分析 Alathon25 导管对于农场主的经济价值。因为普通树脂导管的价格是每 100 英尺 6.5 美元,所以参考价值是 6.5 美元。至于 Alathon25 导管相对于普通树脂导管的差异价值(以 100 英尺为单位)则表现在:

①减少更换带来的正差异价值。因为 Alathon25 导管使故障率从 7% ~8% 降低为 1% ~3% ,从而减少了更换的可能性。由此带来的正差异价值为:6.5 × 1.08 ÷ 1.03 − 6.5 = 0.31 美元或 6.5 × 1.07 ÷ 1.01 − 6.5 = 0.39 美元,即减少更换的差异价值为 0.31 ~ 0.39 美元。

②节省劳动力带来的正差异价值。因为更换破损导管的人工成本是 60 美元,而 Alathon25 导管降低了 5% ~6% 的故障率,则由此带来的正差异价值为:60 × (5% −6%) = 3 ~3.6 美元。

③减少庄稼损失带来的正差异价值。因为管子损坏而没有及时发现可能不同程度地危害庄稼,特别是在刚刚播种后,庄稼扎根不实造成的损失最大。如果扎根不实占整个灌溉系统使用时间的 20% ,庄稼损失最高可达 40 美元,则由此带来的正差异价值为:40 ×20% × (5% −6%) = 0.40 ~0.48 美元

综上所述,100 英尺 Alathon25 导管对于农场主的差异价值为:

$$(0.31 ~ 0.39) + (3 ~ 3.6) + (0.40 ~ 0.48) = 3.71 ~ 4.47 \text{ 美元}$$

当然,100 英尺 Alathon25 导管对于农场主的经济价值为:

$$6.5 + (3.71 ~ 4.47) = 10.21 ~ 10.97 \text{ 美元}$$

接着分析 Alathon25 导管对制造商的差异价值。因为每生产 100 英尺的导管需要 16.25 磅树脂,则每磅 Alathon25 树脂的正差异价值为:

$$(3.71 ~ 4.47) ÷ 16.25 = 0.228 ~ 0.275 \text{ 美元}$$

但是,对导管制造商来说,销售 Alathon25 导管也有不利之处,由此会带来负差异价值:

①销量减少带来的负差异价值。由于 Alathon25 导管更耐用,会使制造商销量下降从而降低利润。由此带来的负差异价值为 − 0.01 美元/磅。

②供应垄断带来的负差异价值。由于杜邦公司具有 Alathon25 树脂的专利,Alathon25 导管制造商可能会面临因杜邦垄断而导致的套牢风险。由此带来的负差异价值为 − 0.02 美元/磅。

③销售费用增加带来的负差异价值。由于 Alathon25 树脂是一种新型材料,使消费者对 Alathon25 导管从不了解到了解、接收、购买需要较高的销售费用。由此带来的负差异价值为 − 0.08 美元/磅。

综上所述,Alathon25 导管对导管制造商的经济价值为:

$$0.28 + (0.228 ~ 0.275) + (− 0.01) + (− 0.02) + (− 0.08) = 0.398 ~ 0.445 \text{ 美元}$$

即对于一个信息充分、完全理性的导管制造商来说,每磅 Alathon25 树脂的经

济价值为0.398~0.445美元。只要杜邦公司能够将Alathon25树脂的价值信息准确传递给导管制造商,则每磅0.398~0.445美元的价格他们是能够接受的。

3) 关于差异价值

对经济价值的分析,其中参考价值是比较好确定的,难点在于差异价值。对差异价值的分析与评价,应注意以下几点:

①必须找出所有导致差异价值的因素。一般而言,导致产品差异价值的因素主要有3种:一是成本驱动因素,即使用本产品为客户节省的时间、金钱和精力,如生产效率的提高、原材料的节约、产品的耐用性等。二是收入驱动因素,即使用本产品可增加客户从其下游顾客那里获得的收入和利润。三是心理价值驱动因素,即客户对本产品的心理感受和情感满足,如优雅、时尚、安全、声望等。

②尽量做到客观评价产品差异的价值。相对而言,对成本驱动和收入驱动因素带来的差异价值的评价、量化是容易的,但对心理价值驱动因素导致的差异价值的评价、量化则显得困难和难以捉摸。这要求我们必须充分了解客户,了解他们的习惯、收入、职业等。另外,相关产品的价格和需求强度、行业市场环境的变化等对产品差异价值的评价也起到了十分重要的作用。

③评价本产品与替代产品的差异价值,可以采用企业自我评价与专家、关键顾客评价相结合的方式,通过Delphi法或AHP法进行。

【阅读材料5.1】

什么在影响顾客价值——价值解码器

假设你的一位朋友要离开这个国家,准备把她的新宝马325xi型车卖掉(市场价格为32 000美元)。由于不愿意在报纸上做广告,也不愿意与二手车经销商谈判,她打算很慷慨地以"你认为值得的价格"卖给你。你愿意出多少钱呢? 10 000美元、20 000美元还是30 000美元? 试着问一问自己以下几个问题:

1. 假如你所在的街区开了一家汽车租赁公司,以工作日60美元、周末30美元的价格出租汽车,你觉得如何? 这会改变你愿意支付的价格吗? ——替代品的价格与可获得性会影响你的价值判断。

2. 假如你的同事愿意以1 500美元的价格卖掉一辆1985年产的本田Civic型车。这会影响你愿意为购买朋友的宝马车而支付的价格吗? ——你的产品与竞争对手产品的性能对比会影响价值评价。

3. 假如你刚刚知道获得了期待已久的升职,同时加薪25%,你会怎么做? 这会影响你愿意支付的价格吗? ——收入会影响你的价值评价。

4. 假如汽车保险公司宣布下一年保险费将提高15%,这会改变你愿意支付的价格吗? ——相关产品的价格与可获得性会影响你的价值判断。

5.假如市议会通过一项法令,要求每周一、三、五、七在街道一侧停车,二、四、六则停在另一侧。于是你每天都会享受在街道寻找新停车位的"快乐"。这会影响你愿意支付的价格吗? ——市场环境的改变会影响你的价值评价。

事实上,这些要素中的任何一个发生变化都会影响价值判断:汽车租赁公司降价50%,你的同事将本田车的价格提高到3 000美元,你升职后只能加薪10%,你得到了一张超速行驶罚单使你的保险费提高了20%,你的住处附近新开了一家大超市……以下的价值解码器(见图5.3)有助于分析和判断你的产品价值,寻找到"合适"的价格。

(资料来源:拉菲·穆罕默德.定价的艺术[M].蒋青,译.北京:中国财政经济出版社,2008.)

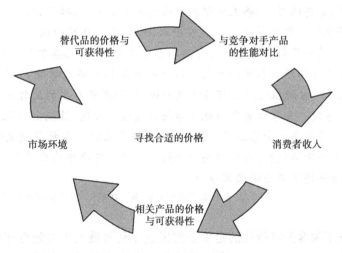

图5.3　价值解码器

5.1.3　经济价值溢价分析

基于经济价值定价的重要意义在于可以获得更高的价格溢价:产品技术效率的提高将使经济价值获得更大比例的提升,此时基于经济价值的产品价格也随之获得与经济价值同步的提高,从而给企业利润带来大幅增长。这一点在定价实践中常常被忽略。很多企业错误地理解了"性价比",认为如果本企业产品的效用比竞争者高多少,那么其价格也应正好比竞争者高多少。但事实是这样的吗? 如果你的零部件耐用期限是竞争者的两倍,你的药物有效性是竞争者的两倍,你的电脑芯片速度是竞争者的两倍,你会认为你的产品价格只能是竞争对手的两倍吗? 回忆一下在第3章中分析过的杂志社广告价格的案例,11%的发行量优势带来的是211%的价值优势! 你的产品效用增加了两倍,并不意味着你的产品价值也只增加了两倍:因不必频繁地更换零部件可以大大节省停工成本、劳动力成本及相关费用;使用一种两倍效用的药物可以大大减少相关医疗费用和病人的痛苦;一个高速电脑芯片可以完成两个低速芯片永远都无法完成的计算。产品有效性的增加可能会给产品价值的提升带来"几何级数"的影响!从这一点上来讲,对那些忠实于价值定价的企业,提升产品的技术效率可以获得更高的价格溢价,是一笔"包赚不赔"的买卖!

【案例 5.1】

关注二号产品的小小优势

　　格兰素史克是世界顶级的英国制药公司。在医药市场,非首创的二号药物的价格本来只能定得很低,但格兰素借助较强的定价能力,选择了诉求价值的合适方法,使二号药物的新价值成功地展现在世人面前,获得大家的认可。曾经,格兰素在治疗胃溃疡的一号药物泰格米特之后推出了二号药物"扎泰尔"。根据当时的业界常识,作为二号药物扎泰尔的价格应该比一号药物泰格米特便宜 10%。但是作为 CEO 的保罗·吉姆拉姆并没有按常规出牌,他知道扎泰尔的副作用比泰格米特小,而且服用方便。如果能够很好地向市场传递这一价值,性能上的优势就能带来相对于泰格米特更高的价格溢价。就这样,格兰素采取了各种营销策略向目标顾客传递扎泰尔的价值优势,同时以高于泰格米特的溢价价格推出了扎泰尔。很快,扎泰尔便成功夺得了市场的领军地位。

　　　　　　　　　　（资料来源:青木淳.定价的力量[M].赵海东,译.北京:中国铁道出版社,2006.）

　　综上,基于顾客经济价值的定价是实现企业利润最大化的起点和核心。尽管这种策略不能指出产品的确切价格而只能说明消费者愿意支付的最高价格。但是,它能让企业明白销售不畅的原因是定价过高还是促销不够。如果是前者,唯一解决的办法是降价;如果是后者,企业应维持甚至提高价格,但必须采取包括广告、人员推销、免费试用、质量担保和承诺等措施的价值沟通战略,让消费者了解产品、掌握产品信息、积累消费经验。以杜邦公司的 Alathon25 树脂为例。曾经杜邦公司希望通过减价来扩大销量,但这种努力失败了。于是杜邦将 Alathon25 的价格从每磅 0.335 美元提高到 0.380 美元,同时展开大规模的促销活动,使消费者认识到 Alathon25 树脂对他们的价值。在随后的一年中,Alathon25 树脂的销量增加了一倍。另外,如果消费者没有能力或没有兴趣去了解产品的经济价值,譬如购买是基于强烈的消费偏好或很高的转换成本,那么对制定产品价格来说,其他影响因素可能比顾客经济价值更重要。最后必须指出的是,根据顾客经济价值定价不能违背在某些特殊时候消费者对公平性的理解。例如,在自然灾害发生后,消费者对生活必需品的价值评价可能提高到一个极限。此时如果按照价值定价的原理对产品制定一个高价格,也许在短时间内消费者会被动接受(即使政府不加以干预),但当社会秩序恢复正常后,消费者会认为企业是一个发国难财的"坏企业"而"用脚投票"——企业遭到消费者的集体抵制。

5.2　顾客价值的理解、创造与传递

我们在上一章中已经阐述过这样的观点:价值定价的逻辑起点是顾客而非产品。成功实施价值定价,不应该首先生产产品然后再去寻找这样的产品可能会给消费者带来怎样的价值,而应该首先了解消费者的价值诉求及支付意愿,然后以竞争对手无法模仿的优势尽可能地创造顾客价值、满足顾客需求,并在此基础上向消费者有效地传递价值,使顾客从比较价格转向比较价值,最终使其支付意愿最大化。价值导向销售管理的5C原则很好地说明了成功实施价值定价的逻辑关联系统:

一是理解(Comprehend)是什么为消费者提供了持续的价值;

二是为消费者创造(Create)价值;

三是传递(Communicate)所创造的价值;

四是说服(Convince)消费者为所创造的价值支付;

五是获取(Capture)价值。

在这一节中,我们主要讨论顾客价值的理解、创造与传递,至于如何说服消费者支付以获取价值则放在下一节中讨论。

5.2.1　理解与创造顾客价值

生态学上有一个高斯法则:一个物种,只有它所掌握的技能至少有一项超越敌人,它才可能生存下去,要么跑得更快,要么跳得更高,要么能上树,要么善伪装……产品也是一样,一定要有独特的价值存在。什么是独特的价值?对消费者来说,最独特的价值就是能契合其某种特别需求的价值:可能是针对产品的功能性利益,也可能是基于产品的情感利益,也可能是将来可以获得的期待利益等。而要真正理解顾客的需求,企业必须首先站在顾客的角度,深入研究他们的心理,了解他们在想些什么,他们最看重什么。然后再根据对顾客需求的深刻理解,将技术能力及产品的各种特性转化为客户利益,进而转化为顾客价值。只有那些反复观察人类行为和心理并获得深入洞察的企业,才能够找到顾客价值与企业价值的平衡点,持续不断地进行顾客价值创造及创新,实现获得顾客认同的产品定价。

【案例 5.2】

巴格斯·伯格公司的顾客价值创造

美国大型杀虫保洁公司巴格斯·伯格的杀虫服务价格是竞争对手的 10 倍。他们之所以能成功设计价格溢价,是因为他们了解目标客户——宾馆、餐厅的需求。宾馆和餐厅,越是以高档为卖点,希望享受完美杀虫服务的愿望就越强烈。因为哪怕是一只蟑螂或者一只老鼠经过的细微痕迹都会是致命问题,如导致宾馆、餐厅的身价暴跌,甚至连续几代的熟客都可能会逃之夭夭。这些场所要求的价值正是"保证没有一只害虫",而此前的杀虫服务没有哪家企业能够做到。为了顺利实现客户利益,巴格斯·伯格不仅向技术人员支付高额报酬,同时严格执行培训和训练计划。高额的报酬提高了技术人员的积极性,培训、训练则能保证提供更高档的服务,这样就形成了一个良性循环。正是凭借这些,巴格斯·伯格才底气十足地做到了"保证没有一只害虫"的这个被业界认为是不可能完成的任务,使客户心甘情愿地为这样完美的杀虫服务支付看来不可思议的高价格。

(资料来源:青木淳.定价的力量[M].赵海东,译.北京:中国铁道出版社,2006.)

巴格斯·伯格公司站在顾客立场,深入理解"保证没有一只害虫"的顾客价值诉求点,并采取行之有效的方法创造、维持了这个价值诉求点,成功实现了获得顾客认可的产品定价。下面,我们再来看一个中国企业的案例。

【案例 5.3】

龙湖:为客户持续创造价值

2009 年 2 月,重庆龙头房企——龙湖地产正式向外界宣布,龙湖将 2009 年确定为"客户价值年",推出行云流水的 8 大价值工程。

1. 体现利益分享的"同路龙湖"。龙湖视新老业主为"同路人",希望在企业自身成长的过程中,与同路人分享利益。包括 VIP 权益卡计划;龙湖会员购房优惠计划;园区保养计划等。

2. 体现质量坚守和提升的"阳光龙湖"。包括阳光搜楼计划;"7 + 1"验收制度;园区质量行;工地质量行;物业管理及后台体验计划。在阳光搜楼行动中,龙湖地产管理层悉数出动,深入所有已交房园区,就产品、服务、管理等方面进行全面检查并聆听业主意见。

3. 营造和谐社区氛围的"和谐龙湖"。包括围绕中国传统节日举行的"十大节日活动";围绕各种主题的"十大客户沙龙会",如宠物沙龙、读书沙龙、茶艺沙龙等。

4. 为业主提供超值服务的"N + 龙湖"。包括易房节;易物节;家电团购节;家居用品团购节;物业代租;物业代售、"互动 1 + 1"计划等。

5. 确保保值增值的"蓝筹龙湖"。包括园区升级改造;景观升级;配套升级;"学习"龙湖等。

6. 倡导健康生活的"乐活龙湖"。包括素质拓展计划;义工行动计划;环保家园行动等。

7. 专注于日常服务的"微笑龙湖"。包括"贴身 100"计划;服务标准化;20 分钟响应制;先维保再分责等。

8. 打造精品社区文化的"家在龙湖"。在平时不定期地举行丰富多彩的社区活动。

据统计,在"客户价值年"全年,龙湖一共吸引了 15 万人参与了 200 种社区活动。其中,"龙湖易房节""龙湖搜楼行动""龙湖聆听行动"等成为客户价值年最有影响力的活动项目。

(资料来源:根据有关材料作者整理。)

2009 年龙湖地产公司开展的"客户价值年"活动,从业主角度出发,涵盖产品、服务、质量、生活方式、社会公益等各方面。而这些,正是所有购房者所担心和关注的。在重庆,尽管龙湖地产公司开发的各种商品房价格与其他同类商品房的价格相比要高出一截,但很多市民仍然以购买龙湖地产公司的房子,成为"龙民"而倍感骄傲和自豪。其中的原因很多,这个案例可窥见一斑。正是由于龙湖地产公司通过类似活动,不断满足消费者对房子、对家的需求,理解顾客价值、创造顾客价值,在企业产品和服务得到消费者认可的同时,也成就了一个企业成长的神话。

5.2.2　顾客价值的传递与沟通

2003 年,强生公司研究出一种新型药物涂层式冠状动脉支架,这种支架被广泛应用于保持堵塞动脉的畅通。强生公司给它的定价是 3 500 美元,比传统的未涂层支架高出 250%,也大大超过用于涂层的药物成本。这样极具侵略性的定价引起了医药专业人士和新闻界的批评和指责,一时间强生陷入舆论的风口浪尖之中。后来强生通过向有关人员进行价值的沟通与传达,证明了新产品价格与价值的一致性:每一个支架植入手术的花费(包括传统支架费用)是 30 000 美元,且在 20% 的病例中,未涂层支架在一年内会重新堵塞动脉,于是又需要花费 30 000 美元重新进行手术;而强生的药物涂层支架可使重新堵塞的概率降为 5%。同时强生还向公众强调了患者因避免重新手术的危险和不适而获得的大量心理价值。于是,强生成功地消除了外界对新产品价格的敌意和抵制,为企业赢得提高利润的良机铺平了道路。然而在实践中,许多企业在思想上并不重视顾客价值的传递与沟通。管理学大师彼得·德鲁克曾在《大变革时代的管理》一书中论述了企业的"五大罪",其中有三大罪都与忽视产品价值的传递有关:一是以成本结构作为定价的唯一依据——不管三七二十一,先把本儿赚回来;二是盲目崇拜能够带来高边际收益的定价——哪怕高出 1 美分的边际收益也可,即使产品在消费者看来可能有更高的价值;三是价格达到了新产品、新服务市场所能承受的极限——从顾客身上能挤多少利润就挤多少利润,对他们的潜在需求漠不关心。这些目光短浅的行为,导致企业在伊始就立足销售和成本,使企业丧失了提高利润、创造价值、开拓新产品市场的机会,同时也错过了确立市场地位和竞争优势的最佳时机。因此,产品价值被塑造出来以后,必须通过各种方法和手段,包括广告、人员推销、试用、承诺、指导使用等,让消费者了解企业的产品、理解企业的产品,明白这种产品有哪些特色,和其他同类产品相比有何不同,购买这种产品能带来什么等。一个法国顶级奢侈品牌的皮包,如果制造商不能让消费者了解其选材、工艺和设计,不能让消费者了解其历史传承、文化内涵和尊贵象征,那么消费者永远都不可能心甘情愿地以这样的一个高价格去购买一个小小的皮包!

1)价值传递技巧

因为不是每个顾客都是信息充分、完全理性的,消费者所能接受的产品经济价值往往比产品的实际经济价值要小。我们必须用良好的营销沟通手段和技巧来确保那些最独特的产品特征、最引人注目的焦点、客户最看重的产品特性等能够得到买家的注意,让他们对产品价值认识到位,理解透彻。

(1)将价值分解、细化与量化

如果消费者在购买前能比较容易地判断不同产品间的区别,那么把产品价值分解、细化和量化,让消费者看得见、摸得着,是简单而行之有效的价值传达形式。以一家手机生产商为例,该企业先后推出三款手机,售价分别为 5 000 元、2 000 元和1 000 元。为了让消费者"识货",可对三款手机进行这样的价值沟通(见表5.1)。

表5.1 某企业三款手机的价值传递与沟通

价值诉求点	5 000 元	2 000 元	1 000 元
通话流畅	√	√	√
待机时间长	√	√	√
良好的售后服务	√	√	√
MP3 功能	√	√	
MP4 功能	√		

续表

价值诉求点	5 000 元	2 000 元	1 000 元
具有存储卡	√	√	
可换三种机壳	√	√	
具备上网功能	√		
带摄像头	√		
限量发售	√		
身份、地位的象征	√		

(2) 经济价值承诺与保证

如果区分品牌间差异的成本过大,或某种产品的性能不能直接加以判断时,传递细化与量化的经济价值就显得苍白和不切实际了。比如,告诉顾客本产品"能够节省一半的使用成本",但顾客在未购买使用前是没办法加以验证的。此时,给顾客提供某种经济价值的承诺与保证,如权威机构的证明、来自公开可靠的有关市场份额、重复购买率等信息源的推荐、质量和售后服务的保证书等,顾客会作出积极回应。

(3) 影响消费者的参考价格

参考价格是消费者接触到产品的各种信息后所联想到的价格。比如,同一件衬衫,当有人告诉你是在重庆朝天门批发市场购买时,你马上会觉得低档、没有品位,售价不会超过 200 元;而当有人告诉你是在重庆美美百货购买时,你可能就会想到面料上乘、做工精良、优雅高贵、穿上有面子等,售价不会低于 2 000 元。因为参考价格会影响消费者对产品的价值判断和支付意愿,所以企业可以通过影响和改变消费者的参考价格来达到正确传递产品价值的目的。一般来讲,参考价格分为外部参考价格和内部参考价格。

外部参考价格往往以广告价格(建议零售价)、原价、竞争对手的价格(目前市价)等形式表现出来。想一想在促销季节,很多商家在商品的价签上通常会标注两种价格,诸如"原价 1 980 元,本店惊爆价 980 元"、"市场价格 558 元,本店特价 258 元"等,购买者络绎不绝。但同样是这些商品,直接标以"980 元""258 元"可能无人问津。究其原因,主要是原价、市价改变了消费者的参考价格,提高了顾客价值:"1 980 元""558 元",这些商品本来的价值是如此这般的高贵,但以"980 元""258 元"的价格售出,物超所值,消费者充满了"拣便宜"的成就感和满足感。

内部参考价格是消费者对产品价格的适应水准或预期,即消费者认为这件商品"应该值多少钱",通常以一定的价格区间或平均值的形式储存在消费者心中。

内部参考价格的形成往往与消费者的购买经历和购买环境中接触到的各种信息,如各种外部参考价格、品牌、服务、质量、购物环境等有关。当这些信息发生变化时,消费者的参考价格也会发生变化。一家餐馆,当它提供了品位的装潢、柔和的灯光、优雅的钢琴伴奏、周到的服务和精致的菜谱时,食客们会认为它提供的菜品也值这样的高价。而同样的菜品,如果在一家路边小吃店享用,食客们永远都不可能愿意支付这样的高价。所以,在产品价值的传递过程中,通过各种与产品有关的讯息传达进而影响和改变顾客的内部参考价格是非常有效的。

另外需要指出的是,外部参考价格作为重要的产品信息,成为影响消费者内部参考价格的主要因素。有关研究表明,高于消费者心中合理价格区间上限两成的夸大外部参考价格对提高消费者内部参考价格有积极影响,会进一步强化其购买意愿。但是,这种夸大如果超过一定水平,则会使消费者对产品产生不信任感,对购买意愿产生消极影响。外部参考价格与内部参考价格的这种"倒 U 型"关系见图 5.4 所示。

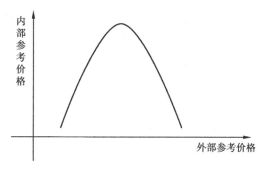

图 5.4　外部参考价格与内部参考价格的关系

(4) 强调顾客的情感利益与心理感受

在很多时候,传递产品价值的过程中强调顾客的情感利益与心理感受可能比单纯强调产品的功能利益有效。比如,"这种洗发水可将头发洗得更干净且不损伤发质"与"这种洗发水可以增强约会时的吸引力",显然,第二种价值传递方式更能吸引消费者购买。这方面的范例是哈根达斯。从进入中国市场开始,哈根达斯就清楚地知道自己的目标顾客是那些追求时尚、懂得生活情调并有消费能力的消费者群体,这些消费者注重产品的即时功用,但更重视在购买和消费过程中获得心理满足和情感体验。于是,哈根达斯在品牌推广时,摒弃了电视广告这种缺乏针对性且昂贵的方式,选择平面广告,通过时尚纸质媒体,将自己的品牌信息非常准确地传递给了目标顾客群体。在宣传上,哈根达斯提倡"尽情享受、尽善尽美"的生活方式,鼓励人们追求高品质的生活享受。同时,哈根达斯大打爱情牌,"爱她就请她吃哈根达斯",吸引恋人们的频繁光顾。这样,除了美味的冰淇淋,哈根达斯提供的更是一种温馨浪漫的氛围,让消费成为一种难忘的情感体验。于是,哈根达斯自始至终都以顶级冰淇淋的形象出现在中国消费者面前,成为尊贵、时尚、甜蜜的标签。

以上是对价值传递技巧的简要陈述。当然,除以上技巧外,更重要的是对营销实践的经验和规律进行适时总结。

2)价格与价值匹配原理

成功的价值传递,应该使消费者一直处于"价格 = 价值"的区域范围内,此时产品价格与顾客价值是匹配的,我们把它称为"等价值区域"。在等价值区域之上的部分,由于产品价格高于顾客价值,消费者不会产生购买行为,这时企业失去的市场机会,我们把它称为"价值劣势区域"。而在等价值区域之下的部分,由于产品价格低于顾客价值,消费者会踊跃购买,但产品的一部分价值没有转化为企业的利润而成为没有收益的价值,因而此时意味着企业有扩大利润的机会,我们把它称为"价值优势区域"(见图5.5)。

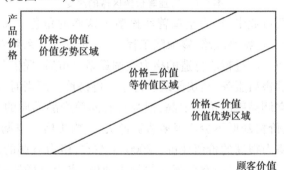

图5.5 产品价格与顾客价值的关系

对处于价值劣势区域的厂商,可以通过降低价格或提高顾客价值,使产品价格与顾客价值匹配。如适当给予价格折扣、提供额外的售后服务等。但在实践中到底采用哪种策略,需要结合诸多问题,如提高顾客价值所需的成本、降价对利润率或销售额的影响、竞争对手对降价的反应等,需通盘加以考虑。而对处于价值优势区域的厂商,由于存在无收益价值,可以通过消减顾客价值或提高产品价格,使产品价格与顾客价值匹配,从而提高企业的利润。如简化产品功能、降低服务标准等。但在实践中,顾客对这两种策略都极其敏感,企业应充分考虑提价对销量的影响,精确测算降低顾客价值后成本降低的空间,以防弄巧成拙。另外,处于价值优势区域的企业在某些特殊时候也可选择保持原状来达到某种特别的营销目的,如渗透定价策略,通过价格低于价值以吸引并赢得顾客,从而扩大和维持市场份额。

特别地,如果某个企业的产品提高了消费者对整个行业的价值感知标准,使得原来的等价值区域下移而形成新的行业等价值区域,那么,它将其他的厂商都置于了价值劣势区域(见图5.6)。当然,这样的情形不会持续太久,其他企业会采取各种策略改变各自不利的竞争态势,使自己的产品重新向等价值区域靠拢。这个调整过程,往往就是一个行业不断进步、走向成熟的过程。

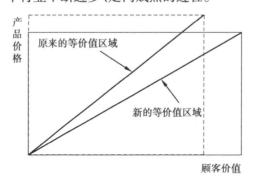

图5.6 行业等价值区域的改变

在中国的空调行业中,格力空调曾经扮演了这样的角色。20 世纪90 年代中期,格力电器开始实行精品战略、零缺陷工程、自主研发等一系列发展举措,并同时进行营销模式创新。经过精心打造的格力空调重新上市后,凭借其先进的技术、稳定的质量和良好的售后服务,很快便跃居行业销售榜首。而当时,格力空调的价格尽管比国内其他空调品牌的价格要高,但与具有同等产品品质的一些合资品牌和进口品牌相比,其价格却低不少。很多消费者认为,购买格力空调"划算""值得",在心目中给予了格力很高的价值评价。2000 年左右,格力空调的产量、销量、销售收入、市场占有率都处于国内空调行业的领头地位,成为市场的领导者,同时也改变了行业的等价值区域,将其他厂商推向了价值劣势区域,促使了整个空调行业的重新洗牌与行业变革。

最后,我们以美国西南航空对顾客价值的理解、创造与传递作为这一节的结束。

【案例5.4】

美国西南航空的顾客价值理解、创造与传递

美国西南航空总部位于德克萨斯州,它没有通过枢纽辐射式航线结构系统建立网络,而是关注于飞行时间在1~1.5 小时的短程航线,其中最为出名的是与汽车展开竞争的洛杉矶—旧金山航线。西南航空注意到,有相当部分的顾客群体,如频繁往来的推销员、全家旅游者、学生等,只要机票价格下降到一定程度,就会放弃公共汽车和汽车而改乘飞机。这些消费者,对服务要求不高,关注的只是快捷和低价。于是,西南航空抓住了他们的价值诉求点,为他们量身打造了这样的飞行产品和服务:

西南航空的价值提供体系

价值的选择与理解	价值的创造	价值的传递
只开通大城市间的短程航线 　　提供公共汽车、汽车的替代方法 　　以重视经济性的顾客为对象	飞机的高飞行率降低了成本 机场停留的时间平均为 15 分钟 　　取消座位预定，以先后顺序安排座位 　　取消舱内服务和特别费用 　　不受理中转行李 　　采用同一型号飞机，使维护标准化	以"没有浪费的低价格"为诉求点 　　不作针对大众的广告宣传 　　座位在登机口出售，没有机票 　　无需给代销点回扣

　　最令人佩服的是，西南航空的所有员工都意识到"使飞机尽快起飞抵达关系到公司利益"，甚至飞行员都会亲自为乘客搬运行李。西南航空的这种赢利模式，后来被美国和欧洲同类型航空公司所采纳，改写了世界航空的历史。

(资料来源:青木淳.定价的力量[M].赵海东,译.北京:中国铁道出版社,2006.)

5.3　价格沟通与谈判

　　价格谈判是企业获取产品价值的最后环节。对绝大部分消费者来说，即使他们心中认可了产品的全部价值，也会尽量隐藏自己最大的支付意愿，以尽可能低的价格去购买尽可能高价值的产品。也就是说，消费者都有"占便宜"的冲动。今天，在各种各样的产品市场，"讲价"行为司空见惯。即使是一些从不执行协议价格的大企业，也逐渐改变了固定价格模式，定价政策日具灵活性，销售人员一般都拥有一定范围的价格决定权。

5.3.1　价格谈判的基本原理

　　一般来说，卖方所能承受的价格极限是他的经济成本，我们称之为卖方的保留价格，设为 C；而买方所能承受的价格极限是他的经济价值即最大支付意愿，我们称之为买方的保留价格，设为 B。那么买卖双方能够进行交易的前提是买方的保留价格必须大于卖方的保留价格，即 B > C，区间 [C，B] 则形成双方的价格协商区域。谈判形成的均衡价格 P ∈ [C，B]，具体价格则取决于买卖双方的谈判能力（见图 5.7）。

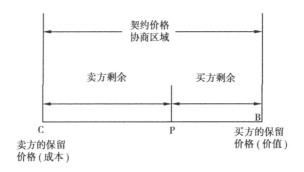

图 5.7　谈判价格的形成

5.3.2　价格谈判的策略

有关价格谈判的相关常识,我们已在有关课程里系统学习过。这里,我们只对基于价值的价格谈判策略作简单总结。

1)一般策略

在基于产品价值的价格谈判中,产品的价格必须反映转移给顾客的价值或是提供服务的成本,用产品价值来证明价格的合理性。以下几点建议,会对你在价格谈判中获胜有所帮助。

①让减价成为临时性的行为,并且迫使支付低价的消费者权衡得失,作出选择,决不接受在对方不作出任何让步的情况下降低价格。比如,可以在价格上作一定让步,但前提是消费者接受质量等级低一些的产品或内容少一些的服务。如果支付低价的客户不愿意接受减少的产品和服务,那么就放弃这次交易以保证价格体系的统一。也许这样做虽然降低了销量,但却提高了利润。

②对那些已经支付高价的客户,承诺给予他们最好的产品和服务,并要让他们明白,这样做使他们如果有朝一日知道自己支付了一个高价格时,你有充分而合理的理由予以解释,得到他们的理解。

③对新产品和新服务保持固定价格,只对那些面临淘汰的产品留有价格余地。这种策略特别适合那些技术更新换代特别快的产品,如电脑、手机等。不仅如此,也不能轻易就将它们降价,而应该适时减少这些产品的供应量,将消费者主动地引向新产品。这样做最大的好处在于向消费者传达这样一个信息:我们不会让我们的产品轻易失去光泽,自降身价。

④可以采用非价格因素代替降价,如提供免费送货、附加培训等,这样在你想取消的时候顾客要容易接受得多。当然,你应清楚提供这些措施的成本,因为它与降价一样在减少利润。

⑤不要将注意力只集中在谈判者身上,有时谈判者并不能起到决定性的作用。

要弄清楚谁是真正的决策者,并关注所有对价格决策有影响力的人。

2) 针对不同客户类型的谈判策略

在第3章里,我们曾根据对价格感受的痛苦和对差异价值的感受程度,将消费者区分为4种类型:价格型购买者、价值型购买者、便利型购买者和关系型购买者。如果我们能够非常了解客户以至于清楚地知道客户所属的类型,那么,在价格谈判中,我们就能投其所好,把握谈判策略的重点和关键点,向他们提供适合的交易条件,从而在谈判中赢得主动和胜利。

(1) 与价格型购买者谈判的策略重点

对价格型购买者,最有效的谈判策略是直奔主题:提供最低价格保证。如果这样的低价格超出了自己所能承受的极限,那么最好选择放弃。不用担心这样的客户会永远失去,因为就价格型购买者的本质而言,只要你的出价合适,你随时都可以和他们再次合作。当然,你也可以选择冒险的做法:向他们证明产品是物有所值的。但实施这一策略主要应对购买方的高层决策者下功夫,说服他们看中产品的价值而不是价格。

(2) 与价值型购买者谈判的策略重点

价值型购买者代表了大多数消费者。他们总是力图在所付的价钱内使价值最大化;他们追求的不是最出众的品质就是最低廉的价格;他们既认知产品所带来的附加价值,也会认真考虑为这些附加价值所付的成本花费。因而,只要企业能够向他们成功地传递产品价值,满足他们的需求,这些价值型购买者就会成为企业主要的利润源泉。和价值型购买者谈判时,你应该强调每一笔交易的产品与竞争产品的差异性及其价值,如果客户有可能重复购买,即存在价值型顾客向关系型顾客转变的可能性,就算在第一笔交易时没有收取差异价值的利益,教育客户意识到这种差异性也是值得的。

(3) 与关系型购买者谈判的策略重点

关系型购买者往往推崇产品的质量和性能,并且不希望经常变换供应商以减少转换成本和各种不确定的风险。因此,对关系型购买者的谈判既要强调过去的良好表现来巩固双方的合作关系,又要强调劣质产品可能造成的影响,让他们明白你们有能力满足他们现在和将来的各种需求。关系型购买者是企业稳定而持久的利润源泉,投入时间和精力彻底研究他们的利益诉求点和价值观,假以时日,你会发现所有的努力都不会白费,在价格谈判中也能巩固卖方的地位。

(4) 与便利性购买者谈判的策略重点

便利型购买者对品牌之间的差异不太关注,同时也不太关注价格,他们最大的利益诉求点在于如何节省时间和精力,得到最方便、贴心的服务。因此,对这种购买者类型的谈判重点应放在他们的诉求点上,使他们明白,你能给他们提供最周到、全面的服务,只有想不到的,没有做不到的。

【阅读材料5.2】

对价格谈判行为的10点提示

1. 无论你是否手持王牌,都无需失去镇静。毕竟,良好的自信是你谈判成功的基础。

2. 高兴地面对价格谈判! 这样会使你赢得意想不到的惊喜。

3. 注意客户隐秘或明显的信号:面部表情、身体语言、目光、声调和呼吸频率等。

4. 保持冷静! 采用合适的方法,如深呼吸和身体放松运动等,保持外在的镇静,同时也有助于实现内在的镇静。

5. 没有对产品和价格的内在确信这个可靠基础,不要去参加谈判!

6. 首先要关心内部阵线的"明确关系":弄清你的权限,争取得到你上司的可靠掩护,统一口径,齐心协力。

7. 将价格权限委托给后方,交由销售主管或更上面的主管来决策。

8. 摆脱价格战! 在价格战中,客户不愿再听相反的论据。

9. 确定客户发动价格进攻的原因。如果能用其他途径使客户满意,"没打折的价格"就会拥有最佳的机会。

10. 保持冷静和可观,不要陷入防守局面。价格进攻如同点火预热,属于价格谈判的起始阶段。

(资料来源:埃里希·诺伯特·德洛特伊.决胜价格谈判[M].陈巍,译.桂林:广西师范大学出版社,2003.)

5.3.3 关注价值、提高利润的销售

最后我们来谈一谈如何激励营销人员在价值传递与价格谈判中发挥其重要的作用。营销人员作为与顾客直接接触的一线企业代表,成为传递产品价值、说服消费者为产品价值支付的主要桥梁和关键环节。在实践中,营销人员常常会面临两种选择:是以自己权限范围内最低的价格折扣尽快结束交易还是以价值为卖点花费更长的时间说服顾客以其最大支付意愿购买? 如果他们的报酬是按照销售利润提成的,那么他们会作出第二种选择;如果他们的报酬是按照销售额或销售量提成的,那么他们会毫不犹豫地选择第一种方法。这样做对企业的发展到底好不好呢?回答通常是否定的。简单估算一下,假设企业按全价销售产品的毛利润率是25%,那么区区10%的价格折扣将使毛利润率下降为12.5%,即销售利润损失一半! 要弥补这10%的折扣所带来的损失,就得卖出两倍产品才能获得同样的收益。不仅如此,营销人员因为关注于只是将产品"卖"出去而没有兴趣了解自己的

产品,产品价值不能有效传递到顾客那里,长此以往,顾客会习惯于用价格来决定是否购买,顾客忠诚将很难形成,这样企业会非常容易失去自己的顾客和市场。但令人遗憾的是,现在绝大多数企业衡量销售人员业绩的标准仍然是销售额甚至是销售量而非销售利润。

因此,要让销售人员把产品价值作为谈判时的卖点的关键在于评价业绩时不能只看销售量,还要看毛利。我们可以对传统的评价依据作这样的修正:根据销售量和销售利润确定销售人员的销售分值,销售人员的收入与销售分值挂钩。

销售分值 = [目标价格 − k(目标价格 − 实际销售价格)] × 销售单位数

其中,k = 1/目标价格完成销售时的利润率,我们把它称为利润率系数。

如果企业的利润率是 25% ,则 k = 4。当销售价格打九折时,等量销售所带来的销售业绩将减少 40% 而不是 10% ;而当销售价格溢价 10% 时,等量销售所带来的销售业绩将增加 40%! 显然,当实际销售价格与目标价格相等时,销售人员的销售分值与企业利润的变化是一致的;而当利润率系数越低即利润率越高时,销售人员利益和公司利益的分歧就越大。

以上对销售业绩的修正将极大地激励营销人员从价格型销售向价值型销售转变。销售人员不会再对自己没有更大的价格折扣权而牢骚满腹,他们现在抱怨的是产品质量有缺陷、产品缺乏独特性、售后服务没有到位、送货速度太慢、无法向客户展示产品价值等问题,同时也有积极性去倾听、了解顾客的需求并向企业反馈,而这些,正是一个企业获得长远发展的基础和源泉。

【阅读材料 5.3】

价值定价战略的销售管理

一、价值:他们需要的是什么? 他们的代价是什么?

1.激发顾客购买的需求是什么?

2.客户还能够买什么样的其他产品? 成本如何?

3.我们的产品在性能、服务、支持等与顾客能从其他渠道获得的产品相比有何差异?

4.客户组织内部谁关心我们产品的差异性所带来的收益? 他们为什么关心?

5.对我们产品优势的自我评价如何? 如何让我们的客户理解这些优势?

6.我们的产品价值的来源有哪些?

二、理解采购中心:谁在影响购买决策?

1.和我们打交道的顾客属于哪种类型?

2.谁是采购者? 他认识到我们产品的优势和价值了吗?

3.购买者采购的标准是什么?

4.在采购中心中,哪些人赞同我们成为他们的供应商? 这些人愿意为产品的价值支付吗?

三、我们的方案里应包括什么?

1.什么样的产品和服务能满足顾客的需求?

2.我们该向顾客提供什么样的产品和服务? 提供什么样的价格折扣?

四、谈判:我们如何才能有利可图?

1.我们如何阻止顾客利用错误的信息回避支付与我们产品价值相符的价格?

2.我们向顾客提供什么样的备选方案?

3.什么样的价格水平和服务能维护我们公司的利益?

(资料来源:托马斯·内格尔,等.定价策略与技巧[M].应斌,等,译.北京:清华大学出版社,2008.)

【复习思考题】

1.导致产品差异价值的因素有哪些? 你能举例说明吗?

2.如何正确理解"性价比"?

3.高顾客价值是否一定意味着高成本? 为什么?

4.你认为理解顾客价值的主要难点和障碍是什么? 应如何克服?

5.如何才能准确传递顾客价值? 你还能想到哪些招数?

6.请结合实际谈谈参考价格对消费者购买行为的影响。

7.处于价值劣势区域的企业可以采取哪些策略? 处于价值优势区域是否是完美无缺的? 为什么?

8.如何才能将所有厂商都置于价值劣势区域? 请以现实案例说明。

9.请谈谈对不同类型的消费者进行价格谈判的策略重点。

10.价值型销售有何重要意义? 如何才能促使营销人员由价格型销售向价值型销售转变?

【实践练习题】

1.请看下面两个案例:

伦敦"疯人饭店"的定价

伦敦有一家与众不同的高档饭店"街角",其顾客90%以上是白领阶层。由于在饭店的菜单上没有印制价格,而是让消费者自己决定该付多少钱,因此一度被认为是"疯人饭店"。饭店老板麦克在伦敦同时拥有其他 4 家饭店,这 4 家饭店的定价方式则综合运用传统的成本加成定价与竞争导向定价策略。到了年底,麦克说"街角"比其他几家更赚钱。

（资料来源:骆品亮.定价策略[M].上海:上海财经大学出版社,2006.）

重庆火锅店的定价

2009 年 9 月 9 日,重庆市九龙坡区一家火锅店装修后重新迎客,为答谢新老客户,决定实行一天大酬宾:除酒水外,所有菜品"吃了随便给"。为了扩大影响,餐馆除了在店门口打广告,还在附近散发传单,以告知老顾客,结果引起轰动。从 9 月 9 日上午 11 时开始,餐馆门口就排了 10 多米长的队,许多市民踊跃前来品尝。一时之间,餐馆内食客爆满,"连过道都是等待的客人",30 多个服务员忙得团团转。为排队等号,有人竟然雇了五六个棒棒(注:重庆特有的一种力工)排队,而有的顾客一上桌就点了七八份鸭肠,有几桌食客甚至居然趁乱跑单。这家火锅店的创新定价策略以"酬宾一天,亏损两万"而告终。

（资料来源:重庆晚报,2009-09-13,有删改。）

(1)以上两个案例,都是由消费者自己来决定应该为产品和服务支付怎样的价格。这种定价策略是价值定价吗? 为什么?

(2)请分析两个案例成功和失败的原因。

2.请以现实某产品为例,利用价值定价的原理为其定价。

第**6**章

细分定价

市场细分是市场营销最重要的任务之一,对市场营销的每个方面都有重要的意义,特别是定价环节。细分定价正是建立在市场细分的基础上,在不同的子市场,对同样的产品实施不同的价格或以同样的价格,提供不同的产品标准。细分定价打破了一物一价的固有观念,是企业扩大市场份额、提高利润水平的重要途径。

6.1 细分定价原理

6.1.1 单一定价的缺陷

一件商品,不管在任何地方、任何环境、任何需求状况、任何交易条件下,永远保持一种价格,我们把它称之为单一定价策略。因为单一定价实施简便,不需要对目标市场和目标客户作过多了解,所以曾得到很多企业的追捧。但是,单一定价忽视不同消费群体的认知差异,忽略潜在竞争对手,客观上会造成企业利润的减少和市场份额的丢失。

为了说明单一定价的缺点,我们假设某企业将其产品的目标市场划分为 5 个子市场区域(见表6.1)。

表 6.1 3 种定价机制下的利润比较

	子市场 A	子市场 B	子市场 C	子市场 D	子市场 E	总　　计
支付意愿(元)	20	15	10	8	6	
市场容量(万)	50	150	350	250	200	1 000
价格策略	利润贡献(单位可变成本为5)					
10	250	750	1 750	0	0	2 750
15,8	500	1 500	1 050	750	0	3 800
20,15,10,8,6	750	1 500	1 750	750	200	4 950

在上一章中,我们探讨了如何以顾客经济价值为基础进行产品定价。但事实上,对顾客经济价值的统一衡量是非常困难的,除了很少有顾客能做到信息充分、完全理性的原因外,更多的是由于收入、身份、性别、产品用途、消费时点等方面的区别,导致不同的顾客对产品的差异价值很难作出统一评价。所以,形形色色的消费者,他们的支付意愿也千差万别。假设在某企业的 5 个子市场中,支付意愿分别为 20 元、15 元、10 元、8 元和 6 元,对应的市场容量分别为 50 万、150 万、350 万、250 万和 200 万。现在,企业考虑 3 种定价策略:一是单一价格 10 元;二是两种价格组合(15,8);三是 5 种价格组合(20,15,10,8,6)。表 6.1 显示,每一种价格策略下的利润贡献差异很大。在单一价格下,每一个子市场的单位产品贡献都是一样的,但由于 10 元的产品价格高于子市场 D 和子市场 E 的支付意愿,因而这两个子市场的消费者将不会购买产品;在两种价格组合策略下,由于在子市场 A 和子市场 B 的产品价格为 15 元,在子市场 C 和子市场 D 的产品价格为 8 元,所以两者的单位产品贡献是不同的;而对子市场 E 的消费者来说,两种产品价格均高于其支付意愿,所以他们不会选择购买产品。在 5 种价格组合策略下,由于针对每个子市场的支付意愿实施了不同的价格,尽管每个子市场的单位产品贡献不一样,但都会有购买行为产生。

比较 3 种价格策略,我们发现,单一价格策略的利润贡献总额最少,市场份额也最低;而 5 种价格组合策略占有的市场最大,利润贡献总额也最高,比单一价格的利润总额足足提高了 80%!为什么会这样?只要简单思考一下,就会发现问题的根源。首先,在单一价格下,有的消费者的支付愿意较高,如子市场 A 和子市场 B,但他们均能以较低的价格购买产品,获得了"消费者剩余",这是落入消费者口袋的企业利润。其次,由于实施的单一价格高于某些消费者的支付意愿,如子市场 D 和子市场 E,消费者不会产生购买行为,于是企业将失去这些市场。所以,单一定价策略不但使得一部分消费者获得太多的消费者剩余,更危险的是会失去部分市场,为竞争对手留下进攻的空间和机会。施乐公司曾一度垄断了整个影印机市场,但它不屑于开拓微利的低端市场。后来,日本公司进入到低端影印机市场,当日本公司在低端市场站稳脚跟并建立可靠的服务网络后,他们就向施乐公司占领的高端市场发起了挑战。

6.1.2　细分定价的作用

下面,我们通过证明细分定价有利于提高利润水平和扩大市场份额,来说明细分定价策略对单一价格策略的改进作用。

假设,某企业产品的需求曲线是线性的,为:$Q = a - bP(a > 0, b > 0)$,单位

可变成本为 C , 为产品的价格底线。若产品的定价为其单位可变成本 C , 此价格为企业所能承受的最低价格, 即停业点, 此时产品的销量达到最大值 $a - bC$; 随着价格的升高, 产品销量呈线性下滑趋势, 直至产品价格升到 $\frac{a}{b}$, 达到所有消费者的最高支付意愿, 销量降为 0, 此为产品的最高价格极限, 如图 6.1 所示。因此, 产品的潜在利润应当是图中 $\triangle OAB$ 的面积, 即:

$$V = \frac{1}{2} \times (a - bC) \times \left(\frac{a}{b} - C\right) = \frac{(a - bC)^2}{2b} \tag{6.1}$$

若产品实施单一价格策略, 企业需要考虑单一定价到底是多少, 决策的依据是考察在每个特定价格下产品的利润贡献。设产品的单一价格为 p_0 , 则产品的利润贡献为:

$$V' = (p_0 - C)(a - bp_0) = -bp_0^2 + (a + bC)p_0 - aC \tag{6.2}$$

令 $\frac{dv}{dp_0} = -2bp_0 + a + bC = 0$, 即当 $p_0 = p_1 = \frac{a + bC}{2b}$, $Q_1 = \frac{(a - bC)}{2}$ 时, V' 取得最大值, 为图 6.1 中阴影部分的面积:

$$V'_{max} = \frac{(a - bC)^2}{4b} \tag{6.3}$$

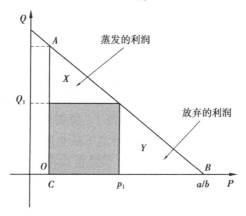

图 6.1 单一价格下的利润贡献

综上, 如果企业实行单一价格策略, 则 $P = p_1 = \frac{a + bC}{2b}$, 即最低价格与最高价格的平均值是其最优价格策略, 此时产品的利润贡献取得最大值 $\frac{(a - bC)^2}{4b}$, 但仅为潜在利润的 50% ; 而产品的销量是 $Q_1 = \frac{(a - bC)}{2}$, 也仅为潜在销量的 50% 。剩下的利润被分成了两部分: 一部分表现为 $\triangle X$ 的面积, 代表了企业因单一价格高于消费者的支付意愿而没有购买所丢失的市场份额的利润,这部分利润在空气中蒸发了;另外一部分表现为 $\triangle Y$ 的面积,代表了企业因单一价格低于消费者的支付意愿而被消费者占有的"消费者剩余",这部分利润被企业放弃了。

接着,我们来看看细分定价是如何将 $\triangle X$ 和 $\triangle Y$ 这两个区域的利润转移到企业"口袋"里的。

假设企业实行两种价格组合:高价格 p_H 与低价格 p_L ,这样凡是支付意愿高于 p_L 的消费者的需求均能得以满足,并且只要企业能够建立良好的价格屏障,保证支付意愿高于 p_H 的消费者不能以低价购买,企业的这种细分定价策略就可以实现。那么, p_L 与 p_H 应该如何确定才能达到既提高销量又增加利润的目的呢? 为了保证消费者支付的平均价格不变, p_H 与 p_L 应该关于 p_1 对称,我们假设 $p_H = p_1 + \Delta p = \dfrac{C}{2} + \dfrac{a}{2b} + \Delta p$, $p_L = p_1 - \Delta p = \dfrac{C}{2} + \dfrac{a}{2b} - \Delta p$,此时的产品利润贡献是图中阴影部分的面积,如图 6.2 所示。

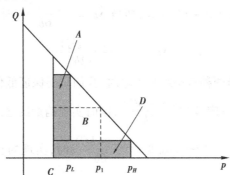

图 6.2　两种价格组合策略下的利润贡献

接下来我们考察这种细分定价对销量和利润的影响。在两种价格组合策略下,因为凡是支付意愿高于 p_L 的消费者,其消费需求均可以得到满足,所以最大销量为 $Q_2 = Q_L = a - bp_L = a - b(p_1 - \Delta p) = a - bp_1 + b\Delta p$ 。而 $Q_1 = a - bp_1$,显然, $Q_2 > Q_1$,即实施两种价格组合后提高了销量。那么,企业利润是否也同时提高了呢? 我们通过比较代表两种情况下利润贡献的图形面积的大小来加以分析。由图 6.2 可知,如果能证明 $S_A + S_D > S_B$,则可说明利润也得到了提高。因为

$$S_A = (p_L - C)(Q_L - Q_H) \tag{6.4}$$

$$S_B = (p_1 - p_L)(Q_1 - Q_H) \tag{6.5}$$

$$S_D = (p_H - C)Q_H \tag{6.6}$$

将 $p_1 = \dfrac{a + bC}{2b}, Q_1 = \dfrac{(a - bC)}{2}, p_L = \dfrac{C}{2} + \dfrac{a}{2b} - \Delta p, Q_L = \dfrac{a}{2} - \dfrac{bc}{2} + b\Delta p, p_H =$

$\dfrac{C}{2} + \dfrac{a}{2b} + \Delta p, Q_H = \dfrac{a}{2} - \dfrac{bc}{2} - b\Delta p$ 分别带入以上各式,得:

$$S_A = -\dfrac{bC\Delta p}{2} + \dfrac{a\Delta p}{2} - b\Delta p^2 \qquad (6.7)$$

$$S_B = b\Delta p^2 \qquad (6.8)$$

$$S_D = -\dfrac{bC\Delta p}{2} + \dfrac{a\Delta p}{2} - b\Delta p^2 \qquad (6.9)$$

则
$$S_A + S_D = a\Delta p - bC\Delta p - 2b\Delta p^2 \qquad (6.10)$$

因此,只要 $S_A + S_D > S_B$,即:

$$a\Delta p - bC\Delta p - 2b\Delta p^2 > b\Delta p^2 \qquad (6.11)$$

此时
$$\Delta p < \dfrac{(a - bC)}{3b} \qquad (6.12)$$

设
$$S(\Delta p) = S_A + S_D - S_B = -3b\Delta p^2 + \Delta p(a - bC)$$

令 $\dfrac{\mathrm{d}S}{\mathrm{d}\Delta p} = -6b\Delta p + a - bC = 0$,即当 $\Delta p = \dfrac{(a - bC)}{6b}$ 时,有:

$$S(\Delta p)_{max} = \dfrac{(a - bC)^2}{12b} \qquad (6.13)$$

也就是说,在实施两种价格组合策略时,我们只要保证低价与高价偏离单一最优价格的幅度不超过一定范围 $\dfrac{(a - bC)}{3b}$,同时实现销量的增加及利润的提高是完全可能的。更重要的是,当偏离幅度为 $\dfrac{(a - bC)}{6b}$ 时,实现的利润贡献增长取得最大值。

下面,我们通过对一个现实案例的分析,来具体看看细分定价是如何起作用的。某航空公司的一架波音飞机有 380 个座位,为每位乘客服务的成本为 100 元。航空公司通过以往的经验知道:如果机票的价格定为 100 元,则飞机肯定会满舱;但若机票价格超过 3 900 元,将超过绝大部分消费者的支付意愿,即使卖出一张机票也非常困难。于是,估算产品的需求曲线大致为:

$$Q = 390 - 0.1p \qquad (6.14)$$

则这架飞机的潜在利润贡献是 $\dfrac{1}{2} \times 380 \times 380 \times 10 = 72.2$ 万元。但问题是,航空公司应该如何对机票定价,才能将潜在利润尽可能地转化为现实利润?

如果航空公司实行单一价格策略,根据上面的结论可知,当 $p = \dfrac{(100 + 3\,900)}{2}$,即 $p = 2\,000$ 元是公司的最优定价。此时,最大销量是 190,实现利润 36.1 万元。从而可知,若实现单一价格,飞机的满舱率最大为 50%,利润贡献最多为潜在利润贡献的一半。

现在航空公司考虑实行细分定价,让支付意愿高的消费者付高价,而让支付意愿低的消费者付低价,以增加满舱率和利润。当然,须建立有效的价格屏障,如要求提前一定时间预订等,让高支付意愿的顾客不能进入低价区域。根据上面的研究结论,只要低价与高价偏离单一最优价格的幅度不超过$\frac{(390-0.1\times100)}{(3\times0.1)}\approx$1 266元,即$p_L,p_H\in[734,3\ 266]$,就能达到目的。特别地,将价格偏离幅度定为$(390-0.1\times100)/(6\times0.1)=633$元是公司的最优二极细分定价策略选择。现航空公司将高价即头等舱的价格定为 2 633 元,低价即经济舱的价格定为 1 367 元,实现的利润与销量和单一定价相比见表 6.2。

表 6.2　单一定价与细分定价的比较

	单一定价策略	两种价格组合策略
价格(元)	2 000	$p_L=1\ 367,p_H=2\ 633$
销量(人)	190	254
满舱率	50%	67%
现实利润贡献(万元)	36.1	48.2
利润贡献实现率	50%	67%

这样,在上述两种价格组合策略下,尽管乘客的平均支付价格仍然为 2 000元,但满舱率却从 50% 增加到了 67%,而利润贡献的实现率也从 50% 提高到了67%!

以上,从一般和特殊给细分定价对销量和利润的改善给予了证明。事实上,随着市场的日益细分和消费者的不断成熟,单一价格策略的弊端越来越明显,很多成功的企业在实践中逐渐放弃了单一定价法则,细分定价(差别定价、价格歧视)的应用越来越司空见惯。特别是对固定成本很高的行业,细分定价显得尤为重要。

6.1.3　实施细分定价需要注意的问题

实施细分定价,首先应该了解引起顾客价值和支付意愿变化的关键因素,这对企业到底采取何种细分定价形式是十分重要的。此外,在实施细分定价的过程中,还须注意以下 3 个问题。

1)必须建立有效的价格屏障

价格屏障不一定要求完美,但至少应具备两个条件:
①能够区分不同产品价值判断和支付意愿的顾客。

②能够防止低端顾客将产品转售给高端顾客,即防止套利行为的发生。一般地,对购买者与消费者完全统一的服务产品来说,这个条件比较容易达到;而对一般商品,特别是产品价值对运输成本的比值较高且容易保存的商品来讲,套利问题必须引起足够的重视和考虑。

2)顾客对公平的理解

我们在上一章中也提到了这个问题。细分定价策略,特别是单纯基于顾客价值差异的评价而不涉及核心产品和服务的差异的细分定价,很容易使消费者产生"敲竹杠""被算计"的感觉而招致反感。从短期来看,消费者也许会购买——因为价格低于我的支付意愿;但从长期来说,当消费者有足够的时间和精力去体会自己的感受时,他们可能会放弃这个不公平的交易而选择其他替代产品,或者以非凡的智慧和创造力,研究出各种对策,突破细分定价的屏障以击溃细分定价系统。

3)保证合法性

细分定价从本质上来讲,的确是一种价格歧视。如今,很多国家的法律都对价格歧视行为作出了解释和约束。我国也不例外,在《价格法》《反垄断法》等法律中均有与价格歧视有关的条款。因此在实施细分定价策略的实践中,首先应对相关法律条款作详细了解,必要时还应征求专业律师的意见。

6.2　细分定价的形式及实施

因为企业细分市场的手段不同,细分定价的表现形式也是不同的。一般地,我们将细分定价分为直接价格歧视和间接价格歧视两大类。在这一节中,我们来讨论每一类形下,细分定价的具体表现及实施策略。

6.2.1　直接价格歧视

直接价格歧视是指厂商能够用某种准则主动识别不同的消费者,并对消费者收取不同的价格。直接价格歧视包括完全价格歧视和三级价格歧视。

1)完全价格歧视

在街边的地摊上,小贩们对每一位顾客察言观色、斗智斗勇,在你来我往的讨价还价中进行着每一次价格决策和交易。这便是完全价格歧视的核心——"一人一价"或"一物一价"。在企业的定价实践中,完全价格歧视有两层含义:一是对同一个消费者,对其购买的每个边际产品按照其边际支付意愿定价;二是对同一种产品,对每个边际消费者按照其边际支付意愿定价。

以第一种含义的完全价格歧视为例,假设图6.3为某顾客对某产品的边际收益曲线。如果其边际收益完全反映了他的边际支付意愿,那么按照完全价格歧视的思想,应该对他消费的第一个单位产品收取10元的价格,对第二个单位产品收取8元的价格……这样,企业将完全占有消费者剩余,利润达到极致。因此,严格的完全价格歧视有助于实现企业利润的最大化。但问题的关键在于,我们如何才能知道谁消费的是第几个产品,对应的边际收益又是多少呢? 消费者可不是傻瓜,不会暴露自己真实的想法。那么,应该如何实现完全价格歧视呢?

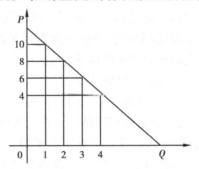

图6.3 某顾客的边际收益曲线

(1)使用优惠券

若单位产品价格为10元,购买第一个单位产品的消费者可以获得一张记名的8折优惠券,购买第二个单位产品的消费者可以获得一张6折优惠券……优惠券的记名是为了防止转让而导致套利行为发生:购买第一个单位产品的消费者以某个价格,如1元,将优惠券转让给其他消费者,持有优惠券的消费者就能以8元的价格购买第一个单位产品。这样,扣除1元的购券成本,购买优惠券的消费者还可节省1元,而卖掉优惠券的消费者也可获利1元。这种做法类似于数量折扣中的梯级折扣,只不过前者是一种动态的数量价格优惠,而后者一般是静态的数量折扣优惠。

需要指出的是,优惠券在细分定价中使用非常普遍。布拉特伯格在其著作《促销》中指出,优惠券的一个目的就是:"向选定的目标群体提供降价优惠……通过优惠券向合适的目标群体降价,其潜在作用是非常明显的。"对频繁购买某种产品的忠实顾客、对价格敏感的潜在消费者来说,使用优惠券对提高其忠诚度、刺激潜在消费是非常有效的。

(2)拍卖

从实现完全价格歧视的角度拍卖方式采用自上而下的减价拍卖或静态密封拍卖是比较有利的。

如果采用传统的英式拍卖,即自下而上的拍卖方式,只需通过一次拍卖,所有消费者的最大支付意愿信息就可完全暴露无遗。此时厂商看到了,但在场所有的消费者也看到了。对支付意愿最高的那位顾客来说,在拍卖第一件产品时,当价格上升到除他之外再没人竞争后,也许这个价格远没有达到他的最大支付意愿,他也可将产品收入囊中。并且,如果第一次拍卖时他的出价不是最优的,那么此后的拍卖由于他掌握了所有消费者的支付意愿信息,他就完全可以作出最优价格决策,在获得最大消费者剩余的同时获得产品。但是,如果采用自上而下的荷兰式拍卖就不同了。当产品价格由起拍价慢慢往下降低时,对支付意愿最高的那位顾客来说,只要价格降到接近他的支付意愿,他就坐不住了。因为他不知道其他消费者的支付意愿到底是多少,此时如果还不买进,他就可能因有人竞争而买不到。所以,采用荷兰式拍卖,可以制造消费者之间的信息屏障,让顾客在第一时间以最接近他支付意愿的价格购进产品,实现完全价格歧视。

另外,采用静态密封拍卖,让顾客独立将自己的报价写好装在信封里,也可诱导消费者按照自己真实的支付意愿购买产品。为什么这种方式可以诱导竞买者按照自己真实的支付意愿报价呢? 假设 n 个竞买者的最高支付意愿按降序排列为 $w_1, w_2, \cdots, w_n$,其报价对应为 $P_1, P_2, \cdots, P_n$。如果我们能够证明,每个人的最优报价策略为 $w_i (i = 1, 2, \cdots, n)$ 即可。为此,记 $\overline{P_i} = \max_{i \neq j}(P_j)$ $(i, j = 1, 2, \cdots, n)$,则有:

①若 $w_i < \overline{P_i}$,则竞买者 i 不应得到产品,报价应小于 $\overline{P_i}$。因此,$P_i = w_i < \overline{P_i}$ 是最优的。

②若 $w_i = \overline{P_i}$,则竞买者 i 是否得到产品无差异。因此,无论怎么报价都是最优的,特别地,$P_i = w_i = \overline{P_i}$ 是最优的。

③若 $w_i > \overline{P_i}$,则竞买者 i 得到产品将获得消费者剩余,但报价最高者得到产品。所以,$P_i = w_i > \overline{P_i}$ 是最优的。

综上,在静态密封拍卖中,竞买者的最优报价策略是自己的最高支付意愿。

当然,不管是减价拍卖还是静态密封拍卖,有助于实现完全价格歧视的前提是消费者之间不能有任何合谋行为。

(3)捆绑销售

我们不去区分消费者到底购买的是第几个产品,对应的支付意愿又是多少,而将所有产品"打包"成一个整体销售。以图 6.2 为例,将 4 个产品"打包"定价为:$10 + 8 + 6 + 4 = 28$ 元。这样,既可以实现完全价格歧视,又大大降低了实施成本。通常,n 个产品的打包价格为:

$$TP_n = \sum_{i=1}^{i=n} P_i \quad \text{或} \quad TP_n = \int_1^n p(q)\,\mathrm{d}q$$

其中,P_i 为第 i 个产品的支付意愿;$p(q)$ 为需求函数。

如今,通信行业的电话、上网业务,很多都实行"包月制""包年制",其实就是一种打包价格。另外,众多以"套票"形式确定的价格也是一种打包价格。

2) 三级价格歧视

【案例6.1】

《征途》游戏的赢利新模式

众所周知,传统网络游戏的赢利模式是按照点卡收费,即根据玩家游戏时间的长短收取费用。巨人网络科技有限公司注资引进的大型网络游戏《征途》却独辟蹊径,通过对玩家市场的细分定价,创造了网络游戏赢利的新模式。

《征途》将锁定的玩家分为两类:一类是"有钱"一族,他们平时很忙,每次玩的时间不会很长,但他们会非常慷慨地购买各种游戏设备,并且十分享受在网上号令四方、称霸群雄的感觉;另外一类则是"有闲"一族,他们虽然没钱,但每天有大把的时间可以消磨,有的甚至还希望通过网游去赚钱。《征途》深刻理解了这两类玩家的心理,摒弃了传统的以时间计费的点卡模式,而是针对两类玩家制定出了不同的价格标准。对有钱一族,装备价格与杀伤力绝对成正比,只要花钱就可在游戏中享有优先权以获得更佳的游戏体验。值得一提的是,《征途》并不直接卖装备,而是卖材料,每件装备由各种不同等级的材料打造完成,而一套高级装备的价格可以达到百万元。这种游戏规则强烈地刺激了有钱玩家的消费欲望,为《征途》带来了巨额收益。而对有闲一族,《征途》的免费游戏对新玩家没有任何门槛。更重要的是,《征途》还为他们提供了很多赚钱的方法:给玩家发工资、送红包、通过智力答题及采矿等获得装备材料等,成功地将他们留在了这个规则看似不那么公平的游戏里。这样,《征途》通过成功的细分定价,不仅使利润主要来源的有钱一族玩起来更加愉快,还因为留住了广大的有闲一族而扩大和保持了《征途》在网游世界的知名度,企业的赢利得到了保证。

(资料来源:根据有关材料作者整理。)

《征途》实施的细分定价就是一种典型的三级价格歧视。事实上,三级价格歧视在实践中的应用比较普遍,如果留意一下,在我们周围有很多这种价格现象:春运期间的火车学生票价格、公交车的老人优惠票价格、百货公司的 VIP 价格……那么,到底什么是三级价格歧视呢?三级价格歧视是按照消费者的某种特征,将市场切割成若干子市场,厂商对每一子市场按照利润最大化原则制定出不同的价格,即"见人下菜碟"。

(1) 细分市场的一般顾客特征

三级价格歧视是按照消费者的某种特征来细分市场的,这些特征包括:

①顾客身份。顾客身份的含义十分广泛,如新顾客还是老顾客、最终用户还是分销商、顾客的职业、顾客的职位等。比如,各航空公司对教师和学生均予以价格

折扣,很多品牌对其 VIP 顾客予以价格折扣等。

②性别。比如,某些娱乐场所对男女顾客实行不同的价格,保险公司的有些寿险品种常对女性顾客予以价格优惠(这可能是因为女性顾客的不良生活习性少于男性)。

③年龄。对学生和老年人来说,时间的机会成本较低,价格敏感性高,因而许多交通工具,公交车、列车、飞机等,常对他们实行优惠价格。另外,在电影院、博物馆,也常以年龄为依据实行价格优惠。

④地点。根据顾客所属的不同地理区域或不同的购买地点实行不同的价格。网络购物常基于物流成本的考虑对本地顾客与外地顾客实行不同的价格,而一瓶可乐在五星级酒店的价格常常是批发市场的 10 倍。另外,根据地理区域定价的方法在国际产品定价中十分常见。比如,欧莱雅的洗面奶,中国的售价是泰国的将近5 倍。

⑤购买力。比如,在我国,购买廉租房的消费者必须提供十分严格的收入证明,获得各大学的助学金需要考查学生的家庭收入及日常消费情况等。

⑥产品用途。比如,微软 Office2000 的 Excel、Power Point、Word 三大软件在新加坡的一般售价是 579 新币,而对学术机构的售价则为 199 新币。这主要是因为学术机构使用这些软件一般只作学术研究而不会产生赢利。

当然,除了以上提到的常用顾客特征外,还有其他的细分依据。总之,作为市场细分依据而选择的顾客特征应该符合两个条件:一是可以明显观察或能诱导消费者表露出来而无需太多费用;二是能够将市场划分为支付意愿不同的顾客群体。

(2)实施三级价格歧视的前提

要想成功地实施三级价格歧视,除了不能违法和引起消费者的反感和敌意外,还必须满足:

①市场是可以按照某种区隔方式分割的。

②细分和控制市场的成本不应超过细分定价所获得的额外收益。

③不同的子市场具有不同的价格弹性。

④不同子市场之间不能交易,即不存在套利行为。

不同细分市场的顾客,并不会老老实实地接受厂商的安排,规规矩矩地待在自己所属的价格区域内。特别是高价格区域的顾客,当他们发现自己为几乎同质的产品付出了额外的价格时,就会选择用脚投票。于是,套利行为便产生了。若产品从价格低的子市场被转售至高价格的子市场或位于高价格子市场的消费者到低价格子市场购买产品,这样,实施细分定价所带来的额外利润被转售商或消费者所占有了,这就是套利。

【案例6.2】

亚洲金融危机中联合航空公司遭遇的套利行为

在1997年的亚洲金融危机中,泰铢贬值过半,联合航空公司从曼谷至旧金山的航线压力很大。他们决定将曼谷—香港—旧金山的来回程票价降至1 919美元,而香港至旧金山的来回程票价仍然保持4 349美元。于是当年圣诞节期间,有不少香港市民选择从曼谷出发到旧金山欢度圣诞。他们只需购买一张其他航空公司从曼谷至香港的往返附加机票,这样,从旧金山返回曼谷时,选择在香港下机就可以了。

(资料来源:骆品亮.定价策略[M].上海:上海财经大学出版社,2006.)

可以说,套利是实施三级价格歧视成功与否的关键技术问题。如果一个三级价格歧视策略,消费者可以自由地进行套利,那么这种市场区隔方式是无效的,价格策略也必定会失败。

(3)防止套利的常用方法

从根本上讲,要防止套利,需要设置严格的市场区隔方式,诱导高端客户不要跑到低价格区域,同时也不能使低端客户侵蚀高端客户的利益,让消费者心甘情愿地各就其位。

【案例6.3】

纽约百老汇的价格屏障:低价要付出代价

纽约百老汇的戏票价格不菲,普通老百姓一般都望而却步,而演出也不可能场场爆满。如果空座能在开场前打折卖出,剧院的收入就可提高,低收入顾客的需求也能得到满足。但问题是:如果大家都知道演出票价最终会打折,谁又会去购买全价票呢? 让我们看看百老汇是怎么做的。百老汇在时代广场建立了一个票务中心,一般以5~7折出售戏票。但是,票务中心只出售百老汇的当天票,且有时甚至在晚上8点临近开场时才开始售票,而每天购票的队伍长蛇蜒蜒。那么,高端客户会选择到票务中心购票吗? 一般不会,价格屏障有两个:首先,只有当天的票才打折,你没法从容安排自己的时间;其次,打折票集中售出,既增加了等候的时间,也增加了等候的风险,也许当你好不容易排到窗口,才被告知票已经售完了。

(资料来源:李践.定价定天下[M].北京:中信出版社,2009.)

纽约百老汇定价的高明之处在于设置了一个让高端客户望而生畏的价格屏障,高端客户知难而退,不得不待在自己本应所属的价格区域。在定价实践中,经常采用的建立价格屏障的方法和手段包括：

①持卡消费。如教师持教师证、学生持学生证、老人持老年证方能享受价格优惠，VIP顾客持积分卡才可享受价格折扣。

②担保。一旦发生产品转卖，厂商对该产品的担保义务，如质量担保、售后服务担保、人员培训担保等，将由于所有权的转移而失效。对制造业的产品来说，这种方法对防止套利是非常有效的。

③提高交易费用。提高转售的交易成本是防止套利的有效措施。比如，在我国，经济适用房在5年之后方可交易，且必须补交足土地出让金等相关费用。在国际产品定价中，为防止同样的产品从价格低的国家转售至价格高的国家，常采用收取高额关税的做法来提高交易费用。

④合约补救。在销售合同中，用专门条款对转售行为进行约束或禁止。

⑤产品设计。通过独特的产品设计，使得在一个细分市场的产品不能在另一个细分市场正常使用。苹果公司将其电子产品的通用变压器替换成适用于当地市场的专用变压器。惠普的做法则更有创意，为防止其打印机使用者通过网络从低价市场的零售商手中购买墨盒，惠普为每一台打印机都配置了可以验明墨盒购买地的电子配件。这样，一个在美国购买的墨盒绝对不可能在一台英国购买的打印机上使用。

让我们一起来看看19世纪法国工程师、经济学家Dupit对铁路客运三级价格系统防止套利的做法的精彩描述：

某公司之所以要有带敞篷和木凳桌椅的三等车厢，并不是因为给三等车厢装上顶棚或给三等车厢的木凳上装上垫子要花去几千法郎……他这样做的目的只是为了阻止能够支付二等车费的人去坐三等车厢，他打击了穷人，但并不是要伤害穷人，而是为了吓走富人……

6.2.2 间接价格歧视

因为直接价格歧视需要用某种准则去主动识别消费者，所以厂商必须掌握足够多的有关产品市场和顾客的信息，这在实践中往往难度较大且信息成本也较高。如果产品市场确实存在不同类型，但厂商因处于信息劣势而不能识别某个消费者到底属于哪一个细分市场，此时厂商可以设计价格菜单让消费者自行选择，引导不同类型的消费者"对号入座"，通过消费者的选择行为就可判断其类型。这种价格策略我们把它称为间接价格歧视。

1）基于时间的间接价格歧视

重庆UME影院每天上午10点早间场的票价为25元，而正常场次的票价为50元；重庆出租车白天行驶的价格是1.2元/km，而晚上10点以后的价格是

1.8 元/km;重庆洲际酒店海鲜自助餐中午的价格是 128 元/人,晚上的价格是 218 元/人……如果不同细分市场的客户一般会选择不同的时间实施购买行为,那么我们就可以依据其购买时间制定不同的价格从而把他们区别开来。这种基于时间的间接价格歧视在实践中往往有以下几种表现形式:

(1)优先级定价

这在时尚品和汽车行业里十分常见。对于那些收入高、对价格不敏感的顾客来说,当产品最新上市时,款式、颜色都非常齐全,他们愿意支付高价甚至溢价以挑选到自己称心如意的产品。当产品销售一段时间后,厂商再恢复原价或者降价。尽管此时款式和颜色可能不十分齐全,产品也不那么时尚了,但对那些对价格敏感的客户来说,他们宁可面临不能买到自己合意产品的风险而耐心等待也不愿意支付高价。2010 年 3 月 26 日,上汽集团的大众紧凑型城市 SUV"途观"在千呼万唤中终于闪亮登场,两个排量 8 款车型的售价区间为 19.98~30.98 万元。在重庆,如果消费者想在 1 个月内提车,须在车价的基础上加价 2 万元。

(2)高峰负荷定价

在很多行业,如电力、电信、娱乐、出租车、航空业,会经常被这样的问题困扰:顾客的需求会随着时间的变化而发生显著变化,但产品或服务又不可能储存以待消费高峰期销售。此时,我们可以在消费高峰期制定高价、消费低谷期制定低价,从而实现削峰填谷、合理分配稀缺资源、瓶颈资源的效果,这就是高峰负荷定价。比如,航空公司对早晚的航班打折、饭店在午间的价格低于晚间、宾馆在旅游淡季的价格可能仅为旺季的一半、中国电信 201 电话卡白天的话费为 0.3 元/分钟而晚间的话费仅为 0.1 元/分钟……实施高峰负荷定价是容易理解和被接受的,当需求远远大于供给的时候,消费者对产品和服务的价值判断较高,企业短期利润最大化的价格也较高。并且,对那些可以选择在消费淡季购买的消费者来说,高价可以促使他们放弃在旺季的消费,从而起到转移需求的作用。自我国实施"五一""十一"黄金周以来,各地的旅游景点人满为患,门票费、住宿费、餐饮费、交通费大幅上扬。此时的涨价行为客观上就起到了转移需求的作用,让那些有大把空闲时间的消费者选择避免在黄金周出游,对各种资源的合理、持续利用也是一种改善。

(3)短期减价促销

在某些特殊时候,如节假日、周年庆、新产品上市时,厂商往往会采取一种短期价格优惠行为,以达到试用新产品、提高购买量、扩大消费潜能的目的。这一策略对一个既存在经常性购买者也存在非经常性购买者的市场最为奏效。短期减价促销可以通过发放优惠券和提供现场折扣的方式实现。据统计,美国的厂商通过各种渠道每年向顾客发出的优惠券超过 3 000 万张,提供的限时折扣优惠从降价 25 美分的 6 罐装汽水到降价数千美元的汽车不等。

【案例6.4】

富士胶卷的价格回扣

1995年11月26日,《波士顿环球报》中的Lechmere特卖专刊刊登了这样一则广告:以15.98美元的价格出售5卷1盒的富士胶卷,顾客购买后将收据寄给富士公司,厂家将退回10美元,有效期截至1995年12月30日。这样,扣除退款后的最后价格为5.98美元,平均每卷胶卷只有1.2美元,仅为当时正常市价的40%。

(资料来源:多兰.定价圣经[M].董俊英,译.北京:中信出版社,2008.)

富士胶卷从1984年就开始进入美国市场,是洛杉矶夏季奥运会的指定使用胶卷,但在美国的市场份额大约只有11%,而柯达公司的市场份额却高达70%,尽管富士胶卷的正常价格比柯达便宜10%~15%。但来自《消费者报道》的市场调查研究显示,两家公司的胶卷品质几乎没有多大差异,更多的消费者选择购买柯达胶卷仅仅是出于消费习惯而已。因而,富士公司的这次短期降价促销行为至少会在以下两个方面获益:一是对从未使用过富士胶卷的顾客来讲,鼓励他们试用富士胶卷,了解产品品质;二是提高顾客一次性的购买数量,延长消费时间的同时也延长了选择品牌的时间。

如今,短期降价促销已成为国内商家常用的营销手段,以至于消费者对漫天飞舞的打折、促销熟视无睹、无动于衷。并且,对降价促销所带来的销量增长是来自于竞争者还是透支未来的需求,短期内很难考证。所以,对企业来讲,一定要认识到短期降价促销绝不是处理滞销产品的权宜之计,而是整个价格战略方案中的一部分。另外,在实施短期降价促销时,一定要注意对促销成本的控制以及确保不损害产品形象。

最后,特别需要指出的是,在实施基于时间的细分定价策略时,对以下对消费者心理影响的重要方面应加以高度重视:

一是参考价格效应。分时差别价格体系中的低价可能会在顾客心中形成一个新的参考价格。例如,一个2010年3月以400元的价格从重庆飞往上海的消费者在同年8月计划同样的旅行,但是当他打电话到各机票代售点询问价格时被告知机票价格最低为750元(由于世博会的影响),他恐怕觉得难以接受。预防这种情况发生的办法是使用优惠券或者设置其他享受价格折扣的门槛,如规定低价时间、提高购买数量、确认购买资格等,这些方法的运用不会像直接降价那样对消费者的参考价格带来直接影响。

二是"等待特卖"的心理。在高峰负荷定价的情况下,诱导消费者选择在低价时购买是制定这种价格策略的目的。但是,在其他情况下,如果顾客将平时的需求累计到他认为最合算的时候集中购买却不是定价者的初衷。国外的很多消费者会选择在圣诞前夕血拼,国内的消费者则一般会在重大节假日,如春节、国庆期间疯狂购物,而在平时绝不会轻易出手。这种心理发挥到极致会给企业的生产、库存、营销系统带来被动。应对等待降价心理的办法是制定"保值"承诺条款来免除消费者的后顾之忧。根据条款,企业向消费者提供某种期限的价格担保,否则消费者将得到差价赔偿。

三是顾客对价格合理性的感知。消费者可能不会认为高峰时提高价格是合理的,但却会认为低谷期的价格折扣是合理的;取消折扣或许可以接受,但提高价格却难以让人接受。企业价格管理和营销人员必须认真思考:什么样的价格才会让顾客觉得合理,什么样的细分定价才是合理的?

2) 基于数量的间接价格歧视

"买二送一""一件全价、两件 8 折、三件 5 折",这些价格现象对我们来讲真是太熟悉不过了。根据顾客购买的数量而给予不同的价格折扣是一种常见的价格歧视策略。一般而言,大多数商品的单位价格是随着购买数量的增加而降低的。这主要是因为,从生产者角度,存在规模收益递增;而从消费者角度,存在边际收益递减。在实践中,数量价格折扣一般有以下 4 种表现形式:

(1) 订单折扣

订单折扣一般根据顾客一次性购买的数量而给予一定的价格优惠,是一种静态的数量折扣。对那些具有明显规模收益的行业,因为产品的边际收益远远高于边际成本,所以生产者更喜欢客户进行不那么经常的大订单购买而不是经常的小订单购买。这种现象不仅在工业品市场,在日用消费品市场也很常见。在沃尔玛、麦德龙等大型仓储式超市里,很多食品、保健品和洗涤用品等,采用大包装出售的单价要比小包装便宜得多。

(2) 总额折扣

总额折扣一般根据顾客在一定时间段的累计购买量给予一定的价格优惠,是一种动态的数量折扣,常对需求量较大且稳定的大客户使用。这主要是因为,大客户对价格比较敏感,也有足够的动力去了解所有可供选择的替代产品,在价格谈判中常处于优势地位。不仅如此,大客户对生产企业的意义也不言而喻。所以,采用总额折扣,对吸引大客户并培养其忠诚度是值得的。在日用消费品市场,总额折扣常以"预付费"的形式实现。如电影院、美容院、通信行业、公交系统等,顾客一次性预存一定金额的费用就可以享受价格折扣,且折扣数常与预存的费用额挂钩。当然,为避免预付账户休眠,企业需对预存的费用约定一定的消费期限以促使顾客消费。在实践中,对总额折扣时间段的限制是企业应该加以关注的问题。期限太长,可以更有效地留住客户,但大多数客户都能得到价格折扣,企业的利润可能会面临负面影响,并且由于"惠及众人",折扣价格会失去对客户的吸引力。期限太短,享受诱人折扣的客户又太少,培养的顾客忠诚度将有限。

订单折扣与总额折扣没有本质区别,只是侧重点不一样,订单折扣主要是为了鼓励客户下大单,而总额折扣主要是为了留住大客户。

(3)梯级折扣

梯级折扣是指当顾客的购买量超过一定数量之后,只对超过部分给予价格优惠,而对未超过部分实行原价。

这样做的好处在于既可以鼓励客户多购买产品,又不必对他们支付意愿较高的那部分降价。梯级折扣在公用事业产品市场应用较广。图6.4显示的是电力行业的梯级折扣定价。在日常生活中,电的用途无外乎是照明、取暖和电器用电,而照明及电器用电是非常重要和必需的,人们的支付意愿通常较高,但对取暖用电,因为可替代产品选择较多且有时并非生活必需,人们的支付意愿往往较低。对电力实行梯级折扣,既能以较低的价格满足特殊消费群体的需求,也保证了电力企业的合理利润。

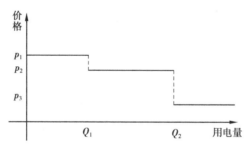

图6.4 电力行业的梯级折扣定价

当然,如果要限制人们对某些稀缺资源,如淡水的需求,可反其道而行之,当顾客的购买量超过一定数量之后,对超过部分实行高价,而对未超过部分保持原价。

(4)两部定价

两部定价是对产品的消费分两次收取费用:一部分为一定金额的固定费用,代表取得购买某种产品的权利;另一部分为根据购买量而决定的边际价格。比如,电话公司对每部电话收取月租费之外再根据通话时间收取通信费;很多景区在进入景区大门时即收取入门费,然后再对每个景点收取门票;高尔夫球俱乐部对会员收取年费外在每次消费时再收取球杆、球和场地使用费等。两部定价的原理如图6.5所示:随着购买数量的增加,一方面边际价格可能降低;另一方面固定费用可由更多的产品数量单位来分摊,因此,消费得越多,产品的单价越低,消费者会觉得越合算。

所以,两部定价对刺激顾客的额外购买与消费是非常有效的。试想,如果你是

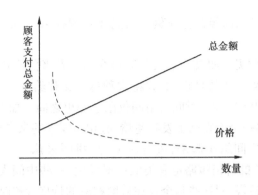

图 6.5　两部定价原理

一个游泳爱好者,你认为在碧波荡漾中休养是炎炎夏日最惬意的事,那么你肯定会觉得与不交预付费每次游泳支付 25 元相比,先交 200 元成为会员然后每次游泳只需支付 5 元更合你的心意。并且你会非常容易地计算出只要你游泳的次数超过 10 次,你为每次游泳支付的实际价格将低于 25 元,于是你会干劲十足地努力消费。

【案例 6.5】

美国 Costco 公司的两部定价策略

美国 Costco 公司所有商品的价格比其他零售店至少低 15%,然而要想在这里购物,顾客必须交纳 45～100 美元不等的年度会员费(不同的年费意味着不同的购物折扣和服务)。这样的定价是否把顾客吓跑了呢? 事实上,诱人的产品价格激发了人们的购物热情,在 Costco 公司购物的顾客络绎不绝。并且,当他们的会员身份到期后,绝大多数顾客都选择了继续交纳会员费,续费的比例达到了惊人的 86%,而企业 60% 的利润也来自于这些会员费。Costco 公司就是利用了这种定价策略鼓励购买并成功地建立了顾客忠诚,企业的利润得到了持续的保证。

(资料来源:拉菲·默罕默德.定价的艺术[M].蒋青,译.北京:中国财政经济出版社,2008.)

基于数量的间接价格歧视一般适用于购买量对价格比较敏感的商品。另外,对以下问题的考虑将有助于这种细分定价策略的成功实施:

一是重视产品被转售的可能性。产品转售从本质上来讲也是一种套利行为。如果企业对转售不加以约束,一个顾客可以按低价购买大量产品,再将其转卖给那些只有小量需求从而本该支付更高的价格才能购买产品的消费者。

二是防止产品被贮存以供日后之用。如果产品贮存很容易,顾客可以通过一次性大量采购来获取折扣,而后慢慢享用,但总使用量并没有增加。因而,过量地提前购买加上保持库存的低成本,可能使基于数量的细分定价无利可图。在欧洲,

United Brands 禁止经销商经营青香蕉而只能经营黄香蕉,正是因为青香蕉容易贮存、容易转售。

三是预防联合购买。如果一个人可以将众多消费者的小量需求集合在一起,他就可以获得相当可观的数量折扣,并将这种折扣转移给其他顾客。在互联网普及之前,这种"购买联盟"囿于时间与空间仅限于邻里之间。如今,随着互联网及通信行业的发达,只要一个人在网上发帖邀请,有相似需求的来自全国甚至世界各地的消费者可在一夜之间组织起来,进行所谓的"拼团采购"。另外,诸如"旅客计划""消费积分计划"的价格策略也有类似情况发生,一些中间人专门收购里程券、积分券然后再加以转售,而这些是企业在采取相应的价格策略时所不愿看到的。

3)基于产品线的间接价格歧视

重庆涪陵卷烟厂的"天子"烟有红天子、黄天子,五粮液系列酒有普通、豪华、盛世之分,柯达有 3 种非专业胶卷:休闲娱乐时使用的"快乐一刻"、超级金胶卷和皇家金胶卷……这些都是基于产品线的间接价格歧视策略:为顾客提供一系列产品,制定不同的价格(不同价格的背后往往是不同的利润率),然后让消费者自己选择最符合其顾客价值判断的产品。以下方法有助于实现产品线的价格歧视:

(1)为顾客提供垂直可替代的产品

这是最常见的基于产品线的价格歧视策略战术,这里的可替代性可以表现为质量、规格、型号、颜色、口味等方面。比如,基于质量的替代产品策略是厂家在产品空间占据高端、中端和低端的位置,给顾客提供完整的产品选择和价格选择。一般来讲,高端产品侧重于保利润,低端产品侧重于保份额,而中端产品则留给消费者一个安全的心理价格空间。通用汽车原董事长斯隆曾经说过:"依我看,在每个价位都应该有一辆我们的汽车,正如将军部署战斗一样,在每个可能被袭击的阵地,都要有一支队伍!"需要指出的是,厂商为顾客提供垂直可替代产品的主要原因往往并不是出于成本的考虑,而是为了满足不同顾客的价值差异。

(2)增添新的产品特性以满足顾客新的需求

这种战术由于核心产品已存在而具有很好的成本效益。1982 年,可口可乐公司向市场推出健怡可乐,这种可乐与传统可乐的区别在于不含糖,因而深受那些关注体重和有特殊需求的顾客的喜爱。由于吸引新顾客非常成功,健怡可乐现已成为美国市场销量排名第一的无糖饮料。毫无疑问,开发健怡可乐的成本很高,但与从零开始开发可乐相比,就显得微不足道了。随后,健怡可乐又以更低的成本提供了一系列新产品:无咖啡因可乐、樱桃味可乐、酸橙味可乐、加甜味剂可乐等。这些产品利用类似的生产、分销和营销流程,为可口可乐公司带来了丰厚的利润回报。

(3)保留核心产品,将成本高昂的特色功能和服务剥离单独出售

这种战术在家电、图书杂志、软件、服务等行业屡见不鲜。一部只具有基本通

话功能的手机定价仅为一两百元,但如果你需要再加上音乐、摄像等功能则至少需多支付上千元。在酒店用餐,你觉得大厅太吵、上菜速度太慢,如果你需要安静的环境和专门的服务,那么你也必须为此额外付费。又比如你是《指环王》迷,你花高价购买了《指环王》白金珍藏版,里面包含了电影三部曲、拍摄花絮以及可供收藏的指环、宝丽石等,但其实市面上三张碟片的价格可能还不及其零头。保留核心产品,为其制定一个相对较低的价格,只为那些愿意支付的客户提供特色功能和服务,这样做既可以满足每个细分市场顾客的需求,又提高了企业的赢利水平。

在制订基于产品线的细分定价策略时,应该考虑的关键问题是产品线效应:厂商应该确定几种不同的产品才能既不给高端产品带来冲击、又能有效防止竞争者低价产品的侵略呢?应该如何通过设计产品间的差异、经销渠道的分隔以尽量降低同类相残的程度呢?每个等级的产品应如何定价才能诱导每个细分市场的消费者各居其位呢?以下是通过实验和实践证明有助于解决产品线效应的建议和结论:

①三个产品等级是最优的。

【阅读材料6.1】

产品最优等级数的确定

厂商应该确定几种不同的产品等级?这些等级和对应的价格会对消费者的心理和行为产生什么影响?许多营销实验和实践的开展试图对这些困扰已久的问题加以研究。Simonson & Tversky(1992)描述了让两组消费者选择微波炉的营销试验。一组消费者被要求在三款产品中选择一款:爱默生(109 美元)、松下 I 型(179 美元)和松下 II 型(199 美元),而另一组消费者则被要求在两款中选择一款:爱默生和松下 I 型。实验结果如下:

实验结果对比

产品型号	选择率/%	
	第一组(60人)	第二组(60人)
松下 II 型	—	13
松下 I 型	43	60
爱默生	57	27

结果显示,第一组消费者中 43% 的比例选择松下 I 型,57% 的比例选择爱默生;第二组的消费者在两款产品的基础上加了一款更高价位的产品后,松下 II 型没

有如试验者所预想的那样成为销售冠军:虽然有 13% 的消费者被吸引到松下Ⅱ型,但影响最大的却是松下Ⅰ型,当这款产品成为中端产品后,其选择率从 43% 增加到了 60%,整整增加了 17 个百分点!

(资料来源:骆品亮.定价策略[M].上海:上海财经大学出版社,2006;李践.定价定天下[M].北京:中信出版社,2009.)

可见,在产品线中安排一个高端产品并不一定会导致产品本身的销售猛增,但这样做确实能强化顾客对中端产品价格的合理感知度。反过来,在产品线中增加一个低端产品,会促进本是低价位产品的销售。因此,确定三个产品等级,高端产品重在建立产品形象、彰显品牌价值,形成诱饵和磁石,低端产品则重在形成消费者规避的低价低质极端,这一推一拉,将消费者吸引到中端产品,形成一个安全的心理价格空间。

②高端产品在产品线中的最优价格应高于其单独定价时的最优价,且随着交叉价格弹性的增加而增加。

③低端产品在产品线中的最优价格通常低于其单独定价时的最优价。所以,如果两种产品是替代产品,那么当这两种产品属于同一产品线时,其价格差应大于不属于同一产品线的价格差。

④在原有产品线基础上新增一种替代性产品,将对现有产品的最优价格产生影响,其影响将按上述相同的方向发展。

最后,让我们以中国移动的细分定价案例作为本章的结束,看看这个全球排名前十位的中国企业是如何娴熟、充分地运用各种细分定价策略的。

【案例 6.6】

中国移动的细分定价策略

一、根据消费者身份细分定价

中国移动针对消费者的价格敏感度推出了不同的产品。"全球通"适用于使用频繁、话费较多、对服务及功能要求较高的商务人士,其基本自费包括月租费和 0.4 元/分钟的本地通话费。"神州行"则是针对话费较低的普通大众推出的业务品牌,每月不收取月租费,但本地通话费为 0.6 元/分钟。"动感地带"是中国移动于 2003 年为年轻消费群体推出的一款产品,除提供各种优惠短信、上网套餐外,基本通话费为 0.25 元/分钟。2010 年,中国移动针对老年用户群体又推出新产品"关爱通",提供 10 元包 4 个亲情号码 500 分钟和 20 元包 8 个亲情号码 1 000 分钟两种套餐。由于移动通信服务固定成本很高,可变成本相对较低,多样化的产品及价格使中国移动成功地吸引了各种不同层次的消费者,有效地分摊了庞大的固定成本。

二、根据地理区域细分定价

中国消费市场广大,各地的收入水平、消费习惯及政策环境差异明显。中国移动在各地采取了差异化的资费体系,有效地提升了市场占有率。以"动感地带"为例,2007年2月,北京的青春校园卡为20元月租费包200条网内短信,重庆的动感地带校园卡为15元月租费包200条网内短信。再以"全球通"为例,2005年5月,北京80元套餐包200分钟本地通话费,而上海60元套餐包360分钟本地通话费。

三、根据购买时间细分定价

中国移动按照不同客户的需求特点,将白天与夜晚、工作日与节假日、网络流量的高峰与低谷等因素结合起来,实行不同的价格标准。根据购买时间细分定价,一方面有利于移动通信提高其夜间空置信息服务的利用率,增加企业的运营收入;另一方面又降低了针对价格敏感者的信息服务价格,为希望以较低价格在低谷期打电话的消费者带来了实惠,实现了企业与消费者的双赢。

四、根据购买量细分定价

集团客户定价是根据购买量细分定价的典型例子。中国移动对用户达到一定数量的集团编织一个虚拟专用移动网,网内用户互相拨叫时享受较高折扣的价格。并且,集团内部使用虚拟移动网的员工越多,他们之间通话时间越长,享受折扣的分钟数越多,有效折扣率也就越高。这种集团定价对于集团用户来说,可以获得比一般通信服务费用更低的价格,比一般客户更多的增值服务,从而使集团客户体会到VIP客户的地位和收益。同时,对于中国移动而言,也收获了大批中国移动的忠诚客户。

五、根据产品线细分定价

中国移动采取了保留核心产品,将大量特殊服务剥离单独出售的方法,成功地实施了基于产品线的细分定价策略。例如,移动与招商银行联合推出的"手机银行"项目,可帮助用户安全、及时地查询一卡通、存折、信用卡账户余额及历史交易情况,并具有转账、交费、证券服务甚至外汇买卖等强大功能。对于那些商务人士来说,方便快速的"手机银行"为他们所带来的价值远远大于每个月100元的收费,极大地提高了客户满意度。

(资料来源:汤姆·纳格,等.定价战略与战术[M].龚强,译.北京:华夏出版社,2008.)

【复习思考题】

1. 单一定价有什么缺陷?

2. 假设某产品的需求函数为:$Q = 2\,500 - 0.2P$,如果企业采取单一定价策略,则最优价格是多少? 如果采取高价与低价两种价格组合,则最优定价是多少?

3.谈谈第二种含义的完全价格歧视在定价实践中的应用。

4.你能想到哪些有助于实现完全价格歧视的策略?

5.什么是三级价格歧视? 实施三级价格歧视有哪些条件?

6.什么是套利? 它与"窜货"是一回事吗? 如何防止套利?

7.基于时间的间接价格歧视有哪些表现形式?

8.如今,短期价格促销已成为国内商家的常用促销手段。你觉得这种手段管用吗? 如果长期频繁地使用会对顾客的心理产生什么影响? 怎么应对呢?

9.基于数量的间接价格歧视策略在实践中需注意哪些问题?

10.什么是产品线效应? 如何理解?

11.请对细分定价策略的所有形式作一个比较分析。

12.你认为细分定价成功的关键是什么?

【实践练习题】

1.以下是 2010 年上海世博会的门票价格:

门票类型	价格(元)
指定日普通票	200
指定日优惠票	120
平日普通票	160
平日优惠票	100
当日普通票	160
当日优惠票	100
3 次票	400
7 次票	900
当日夜票	90
普通团队票	仅向世博游指定旅行社销售
学生团队票	仅向世博游指定旅行社和教育机构销售

请分析世博会的门票价格制度使用了哪些细分定价策略?

2.下表是 4 个潜在顾客对航空旅行服务的相关信息及支付意愿(WTP):

顾 客	所在子市场	无限制机票的 WTP(美元)	有限制机票的 WTP(美元)
Jack	公差	1 000	300
Tom	公差	800	280
Alice	休假	500	400
Lily	休假	260	230

假设航空公司服务的边际成本为200美元,请思考以下问题:

(1)航空公司可以对这4名顾客实施完全价格歧视吗? 如果可以,如何实现?

(2)如果航空公司知道 Jack 和 Tom 是商务旅行者,但不能区分到底谁是 Jack 谁是 Tom;航空公司也知道 Alice 和 Lily 是休假旅行者,但也不能区分谁是 Alice 谁是 Lily。那么,航空公司应如何实施细分定价呢?

(3)如果航空公司根本不知道谁是什么旅行者,仅知道"对无限制机票的 WTP 是 1 000 美元时对有限制机票的 WTP 是 300 美元"等,请为航空公司如何更好地实施细分定价提出建议。

3.渝遂高速路通车后,重庆主城到虎溪大学城的距离大大缩短。为了降低各高校及相关单位到大学城的通行成本,渝遂高速高滩岩至西永段实行免费政策。于是,有很多选择渝遂高速到沿线各地的车辆,纷纷在西永站先下道再上道,这样节约的通行费根据不同的车型可以达到10~30元。据西永收费站的工作人员统计,每天到西永掉头的各种车辆有数百辆之多,有时还会造成堵车。

(1)以上案例使用的是什么定价策略?

(2)你认为案例失败的原因是什么? 应该如何解决?

心理定价

心理定价是利用消费者的心理因素,根据消费者购买商品或服务的心理动机、心理要求、心理特点等来制定价格的策略。在市场经济条件下,尽管每个消费者的消费习惯与思维千差万别,但仍然存在共性与规律。企业必须认真研究消费者的心理活动及其指向性规律,针对目标顾客制定满足其心理要求与心理特点的产品价格。这样的价格,既能为目标市场所接受,又能很好地培养消费者对企业产品的偏好与忠诚。只有那些反复观察人类行为和心理并获得深入洞察的企业才能成为高明的定价者。

7.1　消费者的利得与损失心理

7.1.1　消费者的效用心理函数

顾客在消费的过程中,时时刻刻都在面临"得"与"失"的权衡与选择。那么,消费者是如何看待自己的得失的呢? 考虑以下两种决策情况:

决策1:

A:以80%的概率获得1 000元,以20%的概率获得0;

B:确定性地获得800元。

决策2:

C:以80%的概率损失1 000元,20%的概率不损失;

D:确定性地损失800元。

对传统的期望效用理论来说,在决策1和决策2中,分别面临的两种选择A,B和C,D是没有区别的。因为,期望效用理论认为,期望收入的效应与效用的期望值无差异。即:假设有n种可能的结果x_1,x_2,$\cdots$,x_n,每种结果出现的概率为p_1,p_2,$\cdots$,p_n,其中$p_1 + p_2 + \cdots + p_n = 1$,若记消费者的效应函数为$u(x)$,则:

$$u(E(x)) = u(p_1x_1 + p_2x_2 + \cdots + p_nx_n) = E(u(x)) = p_1u(x_1) + p_2u(x_2) + \cdots + p_nu(x_n)$$

比如,在决策1中,方案 A 的效用为:$0.8 \times 1\,000 + 0.2 \times 0 = 800$ 元,而方案 B 的效用也是 800 元,因此期望理论效用理论认为对决策1来说,方案 A 和方案 B 是等价的。

但事实是这样的吗?如果我们作一个测试,对两种决策情况,不同的消费者往往会作出不同的方案选择。通过测试,我们可以发现,对决策1,绝大部分消费者会选择方案 B,而对决策2,绝大部分消费者会选择方案 C。对决策1的方案选择,实际上反映了消费者对于"得到"的风险偏好,对决策2的方案选择则反映了消费者对于"失去"的风险偏好。因为期望效用理论忽略了消费者对风险的态度,所以才会认为两种方案等价。事实上,在消费者心目中,对"得"与"失"的风险偏好态度是不一样的。预期理论(Prospect Theory)在充分考虑消费者风险态度的基础上构建了消费者的价值函数(Value Function),如图 7.1 所示。

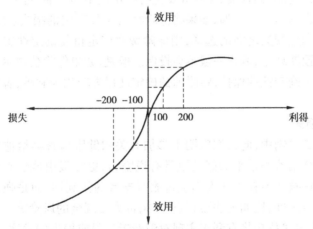

图 7.1　消费者的效用函数曲线

(资料来源:骆品亮.定价策略[M].上海:上海财经大学出版社,2006.)

由图 7.1 可知,消费者的效用函数存在两个基本特征:

一是消费者的边际效用递减。消费者对于利得的效用是喜悦满足,对于损失的效用是痛苦,但不管是利得还是损失,喜悦满足或痛苦的程度会随着利得或损失规模的增加及时间的推移而递减。在图 7.1 中表现为:

$$|u(100) - u(0)| > |u(200) - u(100)|$$

$$或\ |u(-100) - u(0)| > |u(-200) - u(-100)|$$

二是等量损失带给消费者的痛苦程度大于同量利得带给消费者的快乐。在图

7.1 中表现为：

$$|u(-100)| > |u(100)|$$

并且，消费者对于利得的风险是规避的，而对于损失的风险是偏好的。即对于利得，消费者不愿意冒风险，倾向于获得确定性的收入；但对于损失，消费者愿意冒风险赌一把以避免损失。

7.1.2 消费者的效用心理规律在定价中的运用

1)强调损失或利得

抓住消费者对利得与损失的心理规律，根据需要，在定价表述中强调利得或者损失。

(1)强调利得

一般来说，对于耐用品或化妆品、药物等，应强调其利得，即介绍这些产品的功能。对于随机性商品，如投资、保险等发生有一定概率的产品，也应该强调利得，转移消费者对支出的痛苦。比如，如果将保险视为某种确定的损失（保险费用支出）与一种更大的期望损失之间的选择，则保险费率应定得使确定性支出小于期望损失；否则，根据预期理论，客户一般不会投保。但是，如果保险公司尽力把保险描述为一种对未来不确定性的保护，将眼前的确定性损失转化为利得，客户就不会冒失去好处的风险。

(2)强调损失

在健康检查推销中，向人们阐明不参加有关的健康检查会给他们带来的种种麻烦比向大家介绍检查带来的好处更具有说服力，更能吸引他们来参加检查。对旅行支票的推销技巧不在于向人们宣传旅行支票的便利性，而是强调不持有旅行支票的诸多不便之处，比如无法预订宾馆、携带大量现金的风险等。

有时，一些表述技巧将有利于实现对消费者利得或损失的关注。比如，有两个加油站给自己的产品这样定价：

A 加油站：每升汽油售价 9.8 元，如用现金支付，每升可以便宜 0.5 元；

B 加油站：每升汽油售价 9.3 元，如刷信用卡支付，每升加收 0.5 元。

请问：你会在哪个加油站加油？

如果你具备了一个经济学家的思维，你就会非常理性地认为到哪个加油站加油都是一样的，因为每升汽油的现金价格都是 9.3 元。但是对一般的消费者来说，并不会按照经济学家的逻辑思考问题，可能大部分人都会认为这两个加油站的定价是有区别的：B 加油站刷信用卡支付被加收的 0.5 元太冤枉了，而加油站 A 的定价方式更讨人喜欢。事实上，加油站 A 正是运用了这样的表达技巧：先将价格定得较高，使消费者形成一个高价位的参考点，然后再对符合条件的顾客给予某种折扣、优惠,使他们在心理上获得一个相对于参考点的利得。而加油站 B 的定价方式使消费者觉得蒙受了 0.5 元的"损失"。试想一下,机票的定价方式比火车票的定价方式哪一种更受消费者欢迎呢? 恐怕绝大部分消费者都会认为,机票打折是一种意外的收获,而火车票在春运期间涨价是"趁火打劫"。

2) 将利得和损失组合

因为支出对消费者是痛苦的,如果我们能够在消费者支出的同时给予某种形式和数额的得到,就会减轻支出的痛苦程度,有利于消费者作出购买决策。比如,航空公司出售机票时赠送乘客一些纪念品;书店为订阅体育杂志的用户赠送精彩比赛的碟片;直接从工资中扣除养老保险与住房公积金;给忠实顾客或大客户的购买行为以回扣、返利等。

3) 充分利用消费者的"损失厌恶"心理

基于预期理论的观点,消费者对损失深恶痛绝,宁愿放弃较大数量的机会收入也不愿意承受较小的损失。因此对消费者而言,实际支付的成本远远大于机会成本。所以,让消费者放弃一种财产给他们带来的痛苦比获得该财产给他们带来的快乐要多得多,很多时候,消费者宁可维持现状也不愿意失去对某种财产的拥有权。

【案例 7.1】

美国银行的支票账号付费方案

20 世纪 90 年代初,美国许多银行为拥有支票账号的客户提供了两种付费方案:一种是每月为一个支票账号支付 5 美元,另一种是每月必须保证支票账号上的余额不少于 1 500 美元。结果,大多数客户选择了第二种方案,宁可每月少得到 7.25 美元(复利利率 5.8%,1 500 美元的月利息 7.25 美元)的利息,而不愿意每月支付 5 美元的账号管理费用。

(资料来源:骆品亮.定价策略[M].上海:上海财经大学出版社,2006.)

7.2　常用心理定价策略分析

7.2.1　囚徒定价

如今,在电脑行业彩色喷墨打印机价格已是非常便宜,甚至三四百元都能买到一台分辨率和打印质量俱佳的喷墨打印机。生产商在低端打印机身上已经赚不到什么利润了,那么他们的利润来自于哪里呢? 奥妙在于打印机的墨水:墨水的售价是成本的 30 倍,其利润率可以达到百分之三千! 为什么消费者愿意支付这样的高价格？这主要是因为当顾客买下这台打印机之后,他就好比成了这台打印机的"囚徒",购买其墨水成为一种别无选择的行为,否则这台打印机会成为废铁。这种定价策略就是囚徒定价,即先用低价把顾客吸引过来,一旦你上钩了,你就成了商家的囚徒。即使商家在后面还有昂贵的收费,顾客也只能乖乖就范。囚徒定价适用于以下3种情形:

1) 所销产品需要消耗大量耗材

如果消费者在购买基础产品后需要大量反复地购买后续产品,那么就可以利用基础产品打造一种最有利可图的赢利模式:厂商首先推出一个可以扩展的基础产品,在以后的使用中,一直要与其后续产品搭配才能发挥功效。这样,用户在购买了基础产品后,不得不长期购买其后续产品。于是,即使基础产品的销售额和利润都不高,但其后续产品的利润却是持续稳定和可观的见表7.1。

表7.1 基础产品和后续产品案例

基础产品	后续产品
电热灭蚊器	灭蚊片
剃须刀	刀片
复印机、打印机	墨盒、纸张
非一次性打火机	机油

除打印机之外,剃须刀是另外一个很有说服力的例子。剃须刀由两大主要部分组成——刀架和刀片,一副刀架可以长期使用,但刀片在使用过程中很快会变钝。因而,各剃刀生产商都把刀架的价格定得很低,只图在刀片上赚钱。而顾客方面,一旦买了某一个牌子的刀架,就会不自觉地成了这个刀架的"囚徒"。

2) 相关产品多

家庭电视游戏机可算是这方面的典型案例:游戏机是它的主产品,五彩缤纷的配套游戏是它的相关产品。索尼、任天堂和微软是家庭电视游戏机的三大巨头,不同公司出品的游戏只能用在他们自己的游戏机上,互不兼容。各个牌子的游戏机定价都很低。比如,微软的 XBox 游戏机的配置相当豪华,几乎就是一台 PC 机,在美国市场定价仅为 299 美元。据美林证券公司分析,按这个价格,微软每出售一台 XBox,就要倒贴 125 美元。精明的比尔·盖茨难道要做赔本生意吗？当然不会。要知道,光是一台游戏机摆那儿是没有用的,少了游戏,它跟废铁无异。而游戏是要另外掏钱买的,且价格不菲。在美国,微软的 XBox 游戏机配套的游戏大概每套卖 50 美元。更重要的是,一套新游戏刚拿到手的时候,玩家会很兴奋,但通常玩一个礼拜就玩厌了。所以,有游戏机的人会不断购买新游戏来娱乐自己。

3) 客户有扩张的潜力,而扩张时需添购兼容的设备

早在20世纪80年代,当我国许多企业需要从国外进口设备的时候,他们会跟美国、日本、欧洲等地的多个企业同时洽谈,以求获得最优价格。当时,许多企业常常惊讶于日本设备的物美价廉,许多欧美的企业也都觉得一头雾水、不可思议,认为日本厂商报出的价格是绝对不可能做到的。但事实上,这些日本厂商的策略是对的。许多企业在购买了日本设备之后没多久,因为扩张需要再添购设备。此时,首先要考虑的因素是新添购的设备与原有设备的兼容性要好,能够配套。什么样的设备才会兼容性好呢?当然是原厂的设备。于是,原来凭低价中标的日本企业又能获得订单了,不过这次,他们不会半卖半送了,而是恢复产品的正常价格,甚至会高一点。那些已买了他们设备的客户,如果转用其他厂家的设备,常常会出现设备不配套的问题。为了避免这种风险,即使原来的供应商报价偏高,他们也总是倾向于把订单给原来的供应商。

但是,囚徒定价存在一定的风险:市场上容易冒出一些专做耗材、专门生产配套设备或兼容零部件的竞争对手。打印机行业的"天威"现象就很典型。天威不生产打印机,却专门生产各名牌打印机用的墨水,售价比原厂墨水低约40%。天威作为国内打印机墨水生产商的领头羊,还反客为主地倡导制定"打印机耗材标准"。有评论认为,当天威对标准制定过程施加了重要影响的时候,许多打印机厂商反而被排除在标准制定过程之外了。因此,对实施囚徒定价的企业来说,最重要的是在自己的基础产品中设置某种技术门槛,使得其他厂商的后续产品不能兼容。

7.2.2　招徕定价

招徕定价是利用消费者的求实、求廉心理,以接近成本甚至低于成本的价格进行销售,以低价吸引消费者购买"便宜货"的同时,选择购买其他正常价格的商品。如今,这种定价策略经常被综合性百货商店、超级市场以"换季大酬宾""一元均价区""节日大减价"等形式所采用。

【案例7.2】

一元拍卖活动

北京地铁站有家每日商场,每逢节假日都要举办"一元拍卖活动",所有拍卖商品均以1元起价,报价每次增加5元,直至最后定夺。但这种由每日商场举办的拍卖活动由于基价定得过低,最后的成交价就比市场价低得多。表面上看来,人们会产生一种"卖得越多,赔得越多"的感觉。但是,自从商场举办拍卖活动以后,商场气氛明显活跃,客流量大大增加,整个商场的销售额直线上升。

(资料来源:根据相关媒体资料整理。)

以上案例说明,招徕定价策略的实施,实际上是以牺牲局部产品的利益为手段,以求达到带动整体产品销售的目的。企业在运用这种定价策略时,需要注意以下问题:

一是实施招徕定价的商品及其价格的确定,应对消费者具有较强的吸引力,以成功形成"磁石"效应。比如,在所有的家乐福超市门店,每天都要推出几种精心选定的低值易耗、需求量大、周转快、购买频率高的商品,制定特别低廉的价格,节假日、双休日时这种商品则更多。由于这些特价商品消费者要经常购买,价格耳熟能详且便于比较。于是,通过持续反复地向消费者传送低价冲击波,吸引了大量的顾客光顾。

二是实施招徕定价的场所,经营的产品品种要多,以便使顾客在购买招徕定价品的同时能够选购其他商品。否则,就不能达到实施招徕定价的真正目的,企业也就失去了利用招徕定价品提高销售的机会。

三是不能将招徕定价品与残、次品等同看待。招徕定价品必须是完好无缺的降价产品,如果带有任何程度的欺骗,企业在下次实施招徕定价时,消费者将不会接招。

必须指出的是,在运用招徕定价时,企业通常都是对招徕商品实行低价。但是,有的企业可能反其道而行之,对招徕商品实行高价,也可以达到招徕定价"醉翁之意不在酒"的真实目的。比如,在一些珠宝商店,经常会展出标价为天文数字般的所谓"镇店之宝"。这样的商品,绝大多数消费者是买不起的,但是它在吸引人们慕名而来参观的同时,可能会带动其他一般商品的销售。

7.2.3　习惯定价

在现实生活中,对于购买频率非常高的商品,消费者对产品的功能、质量、替代品等方面的情况十分了解,形成了自己的购买经验、消费习惯和主观评定,从而在心理上对相关产品的价格固化成了一个不易改变的数量概念。如果企业产品的价格刚好与消费者心目中的固化价格相一致,就会赢得最大的信任感,消费者也才可能采取购买行为。这种企业按照消费者习以为常的商品价格给自己的产品定价的策略就是习惯定价。在定价实践中,对于消费者经常购买的日用品,如米、面、食盐等,比较适用于习惯定价。必须指出的是,消费者的习惯价格一旦形成就很难改变,对产品价格的变化十分敏感且在短时间内不能接受。因而,习惯价格下的产品需求呈现出如下规律:

如图 7.2 所示,P_0 为消费者的习惯价格,当商品的定价与之一致时,销售额达到最大值 Q_0。如果商品的实际销售价格偏离了习惯价格,涨价容易引起消费者反感,降价容易招致消费者对产品质量的怀疑。于是,不管是涨价还是降价,都会引起需求量的减少。

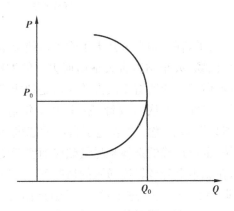

图7.2 习惯价格—销售曲线

【案例7.3】

几起几落——重庆火锅底料的价格变动

1. 2006 年 12 月 1 日,重庆有上百家火锅店集体调价,加收了 10 块钱的底料费。重庆这次调价的火锅店,除了德庄、秦妈等知名火锅企业外,一些规模在 200 m² 以上的火锅店也都加入到了其中。这些调价的火锅店声称今后将使用一次性底料,来取代重复使用的老锅底。据了解,这些火锅店加收底料费,还有一个重要原因是因为辣椒、花椒、食用油等原材料以及营业成本大幅度增加。不过,对于习惯了吃火锅没有底料消费的重庆人来说,很多人不愿意为此埋单。很多消费者表示,火锅底料应该包括在饭店的经营成本里,不应该向消费者另收钱。截至2007 年 1 月,这次参加底料收费的火锅店陆续取消了提价行为。

2. 2011 年 8 月 2 日,重庆市火锅协会会员聚集一堂,就当时央视曝光的火锅违规使用老油事件举行重庆火锅创新改革动员大会,向全体会员发出《关于立即停止回收使用顾客食用过的油脂的紧急通知》,明确要求加入协会的火锅企业坚决做到无论是重庆市辖区内还是外地各连锁店,销售的一律是一次性火锅底料、汤料。而使用一次性锅底,锅底费将成为火锅店收费的新项目,一般火锅店的锅底费在30～40 元。2012 年 1 月,在火锅协会禁老油 5 个月之后,重庆市部分推行一次性锅底的品牌火锅店门可罗雀,背街小巷的火锅小摊却因为依旧使用老油免锅底费,到深夜12 点还有顾客排队等候。据重庆市火锅协会会长何永智的调查,半年来,重庆市的品牌火锅企业门店垮掉了 20%，转行或正谋划转行的门店也有 20%。她表示："因为重庆人对老火锅的味道有着根深蒂固的喜爱，一次性锅底的突然推出，让许多企业措手不及。而原来吃个火锅两个人几十元就可以搞定，现在加上锅底费两个人消费一般都要花上百元，顾客们不愿意。"

（资料来源：根据《重庆晚报》相关报道整理。）

重庆人爱吃火锅是出了名的，很多人几天不吃火锅便会坐立不安，很多人从外地出差回来便会直接从机场、火车站直奔火锅店而去。但重庆火锅的底料是不收费的，几十年来的消费习惯已经让所有重庆人认为这是理所当然的事。因此，不管是 2006 年火锅店基于成本推动的底料收费，还是 2011 年迫于行业管制的底料收费，都被重庆人"用脚投票"，以拒绝消费表达了自己的态度和立场。由此可见，对适用于习惯定价的商品，企业正确的选择是尽量顺应消费者的习惯，对改变价格一定要非常慎重。比如，在成本上升或轻度通胀的情况下，企业应该首先采取非价格变动策略，如优化管理、节约成本、促进销售、开发新产品等，来消化其中的压力。并且在实践中，对消费者已经产生明显价格习惯心理的商品，企业有时不仅应该维持相对稳定的价格，而且对这些产品的包装、价签的颜色及表达、摆放的位置等，也最好不要频繁更换。

7.2.4 整数定价与尾数定价

整数定价是指舍去零头，而以整数的形式确定商品价格的做法，通常以"0"为尾数，如 800 元、2 000 元等来表示商品的价格。对于名、优、特、新商品或高档耐用消费品，价格取整数，消费者会产生一种品质高、可靠性强的心理感受。当消费者选择这类商品时，往往形成较强的质价效应，即"一分钱一分货"，于是一般都会购买标价较高的商品。比如，一条项链的价格定为 1 180.8 元，还不如定位 1 180 元，因为对于有购买能力的消费者来说，价格带有小尾数会令人感到寒酸、小气。另外，以整数定价还可以省却找零的麻烦，简化买卖双方的交易手续，提高交易效率。

尾数定价与整数定价刚好相反，企业在制定产品价格时以零头标价，尽量不在价格上进位。尾数定价往往用奇数或人们喜欢的数字结尾，以激起消费者的购买欲望。尾数定价可以使价格在消费者心目中产生下列特殊心理效应：

一是便宜。尾数定价可以让消费者觉得价格便宜，如标价 99.97 元的商品和 100.07 元的商品，虽然仅仅相差 0.1 元，但前者给消费者的感觉是"不到 100 元"，价格低廉，易于接受。

二是精确、合理。带有尾数的定价可以使消费者认为企业定价是经过深思熟虑的、认真的，连几毛钱、几分钱都算得清清楚楚，进而对企业及其产品产生信任感。

三是吉利。由于民族习惯、社会风俗、文化传统和价值观念的影响,消费者会对不同的数字产生偏爱和忌讳,如西方人讨厌"13",东方人喜欢偶数,特别是"6""8"等数字。企业在实施尾数定价时可以有意识地采用一些吉利的数字,以迎合消费者对数字的特殊偏好。如一件T恤与其定价为174元,还不如定价为178元,既能让消费者喜欢,又能增加销售收入。

7.2.5 单位定价

单位定价是指企业按照出售产品的单位来制定其价格。一般来讲,计价单位的大小不同会影响产品的标价,从而引起消费者不同的购买心理活动。这主要是因为大部分消费者在购买商品时,很难或者没有习惯对商品的数量与价格之间的换算关系作出反应,而是按照自己需要的数量进行购买。如果我们改变计量单位,用小计价单位标价,这样不仅使商品方便实用,更重要的是能降低产品价格,消费者因为便宜而更容易作出购买决策。比如,一级龙井茶叶标价30元/50 g比标价300元/500 g更能让顾客产生心理认同、降低消费支出的痛苦程度;虫草标价120元/g使一般的顾客认为有能力消费,而标价60 000元/500 g则会让绝大部分顾客望而却步。因而,对于一次消费量较少、价格昂贵的商品,采用小单位标价是非常适合的。当然,对于使用频率高、价值小的日用消费品则可以采用不同包装、不同计价单位的做法,如飘柔洗发水300 ml小瓶装的卖价是9.8元,而1 000 ml大瓶装的卖价是25.8元,使消费者认为"买得越多越合算",以满足不同顾客的需求偏好。

7.2.6 声望定价

声望定价是企业根据产品在消费者心目中的声誉、地位来确定产品价格的策略,以迎合消费者受相关群体、所属阶层、身份、地位、自我形象满足等外部刺激的影响而愿意花高价购买商品的心理。

声望定价策略比较适用于知名度高、广告影响力大、质量不易鉴别的名牌产品,尤其适合奢侈品。而对实施声望定价策略的目标顾客群体大致可分为两类:一是尚未成功的青年人或"暴发户",期望使用高端商品填补自己的自尊与自信;二是真正的成功人士,他们购买这类商品的真实目的不是炫富,而是证明自己的能力。

【案例7.4】

"金缕玉衣"巨额贷款诈骗案

2011年,国内各主要媒体相继报道了一起惊天巨额贷款诈骗案:华尔森集团总裁谢根荣凭借原故宫博物院副院长杨伯达等5名顶级鉴定专家出具的价值24

亿元的天价评估书,用一件自制的"金缕玉衣",骗取银行资金4.56亿元。

早在2000年9月,谢根荣通过伪造555份房贷合同,以假按揭的方式从建设银行骗贷6亿多元。为给自己留下后路,谢根荣首先利用媒体造势:"古董收藏家"谢根荣藏品丰富,其中有两件"古董"最值钱,一件是"金缕玉衣",一件是"银缕玉衣"。其实,这两件"玉衣"是谢根荣委托一位中间人用在家乡浙江收集的玉片缝制起来的。然后,他又请来杨伯达、王文祥等5名国内顶级鉴定专家,围着装有"金缕玉衣"的玻璃罩子转了一圈,诱使他们作出了估价24亿元的鉴定书。2002年底,当建设银行某支行发现华尔森集团在骗贷时,谢根荣先向银行提供了假造的企业财务报表等材料,然后领着银行行长等人参观了专门用来存放两件"玉衣"的"根荣陈列馆"。谢根荣指着一件"金缕玉衣"对大家说:"全世界只有两件,专家已经作过鉴定,市场估价24亿元。它在这儿,我还能赖着你们区区几个亿不还?集团只是一时资金周转困难,只要我们通力合作,还清贷款肯定没问题。"说完,谢根荣出示了由5位国内顶级古董鉴定专家签字的评估报告。顶级专家的集体签名,让建设银行相信了谢根荣,觉得即便他有骗贷嫌疑,但华尔森集团毕竟还是一个非常有实力的企业,不会欠贷不还。于是,建设银行通过开具承兑汇票的方式陆续为华尔森提供了4.56亿元的资金支持,企图"帮企业发展起来,把问题消化"。

(资料来源:《法制晚报》,2011-09-05,作者有删改。)

在这个案例中,谢根荣利用国内顶级鉴定专家出具的天价评估书骗取银行巨额贷款的手法,与声望定价的原理如出一辙。由此可见,对声望定价的产品,消费者花高价购买就是冲着其名牌声誉、地位去的,此时企业一定要保证产品的质量及服务等,才能让企业进入声誉好——价格高——声誉好的良性循环。

使用声望定价还需注意:有时企业为了使声望定价能够维持,需要控制市场拥有量,但这可能会给企业的生产经营带来风险。如果因减少产量而让出的市场被竞争对手抢占,对企业来讲也许是得不偿失的。

7.3 促进消费的定价策略

在以前的定价实践中,企业关注的是如何将产品"卖"出去,通过销售实现收益,但对顾客消费心理与消费行为对重复购买的影响没有引起足够的重视。这样,很多销售大多数完成一次交易订单就完事,而不管后续发展,虽然有的企业会定期通知曾经的老顾客有关产品促销的信息,但客户维护仅此而已。但是,成功的产品营销不在于一两次的简单交易,衡量客户的价值也不在于每次成单金额或者利润多少,而是客户的终生价值和买家的剩余价值。任何一个有眼光的企业,都会把眼光放长远,而不是只想着做一锤子买卖。

7.3.1　重视顾客对产品消费的意义

由于消费者的高使用率会为企业带来高收益,因此关注售出商品的消费情况具有重要的意义。

1)增加顾客转换成本,培养顾客忠诚度,促使持续购买

当购买行为发生后,顾客如果将产品束之高阁,产品没有损耗、消费者不能充分感受其中的价值,也就不能作出继续购买的决策,更谈不上培养顾客的忠诚度了。也就是说,当消费者购买产品而不消费、使用产品,顾客将很难被"锁定"。

2)提高顾客满意度,传递产品口碑

很多产品,只有在顾客使用之后,才能对产品的价值作出评价。譬如,一本书只有看过的人才能说"好"或"不好",一瓶酒只有喝过的人才能"赞"或"不赞"。当消费者使用产品后将自己满意或不满意的体验与亲朋好友分享时,产品的口碑就这样传递出去了。

3)促进其他相关产品的销售

想一想打印机的例子,如果某位顾客买了一台打印机放在家里一直不用,那么墨盒、纸张对他来说是可有可无的。当《哈利·波特》系列电影在公映时,在电影院里有波特的斗篷、魔杖、飞天扫帚等产品售卖。如果波特迷们不到电影院去观看,那么这些产品将很难销售。

由此可见,只关注产品"销售"而非"消费"的定价策略,将使企业过于重视短期利益,而企业的长期赢利则得不到保障。值得庆幸的是,如今有许多企业对这个问题已逐渐开始重视。

【案例7.5】

促使顾客重复消费的淘宝营销

淘宝营销有三个境界:第一个境界是把产品卖出去;第二个境界就是把宝贝卖火卖爆;第三个境界是牢牢地抓住客户,不断地重复来消费。要让客户一次又一次、一年又一年给自己送钱,并使顾客不断地影响周围的人,如亲戚、朋友、同学、同事、网友等来自己这里购物消费。淘宝传递给卖家和买家的信息不是打价格战而是信誉度,只有建立了良好的信誉,才能使竞争从最低级的价格战中脱颖而出,这也是淘宝为啥要力推淘品牌的缘故。每一个满意的买家,他的价值不仅仅是为你创造利润,还有他的影响力,因为他也是活的。那么怎么才能促使终端客户不断来这里消费,形成忠实的消费者呢? 要让交易连续起来,需要在交易环上加些钩子。每一次交易,都有一把勾着下一次交易的钩子。钩子的作用既有拉力,也有推力。这些钩子促使买家一次又一次地来淘宝购物。淘宝常用的钩子有三把:一是赠品;二是店铺 VIP;三是限期红包。这些都是推力。第四把钩子就是秒杀,这是拉力。天天秒杀,并辅以预告。

(资料来源:http://promote. yidaba. com/1900161910071001000000221605. shtml. 有删改。)

7.3.2　付费方式对消费的影响

如今,消费者的付款方式已不再是单纯的"一手交钱、一手交货"。在现代金融工具和营销手段不断创新的支持下,消费的付款方式已变得纷繁复杂,而每种付款方式都会通过影响顾客的消费心理进而影响消费行为。

1)不同的付款时点对消费的影响

根据付款时点的不同,付费方式可分为:

一是消费前付款。比如教育、预存电话费、交通运输、健身俱乐部等。

二是消费的同时付款。如餐饮业、娱乐业等。

三是消费后付款。如宾馆住宿。

不同的付款时点,会对顾客的消费行为产生不同的影响。让我们来看看美国芝加哥博物馆的实验:

【案例 7.6】

付款时点对消费的影响

1997 年,美国芝加哥科学博物馆作了这样一项调查:

第一种情况:6 个月前,你看到一则演出海报,并打电话预定了一张 50 元的票。昨天,你去售票处用现金付了款,并知道售出的门票一概不退。今天早晨,你醒来后发现自己得了流感。演出是今天晚上的。那么,你会待在家里休息,还是去看演出? 结果,几乎 60% 的被调查者说他们会去看演出,而不愿意白白浪费刚花出去的 50 元。

第二种情况:6 个月前,你看到一则演出海报,并付了 50 元买了一张门票,并知道售出的门票一概不退。今天早晨,你醒来后发现自己得了流感。演出是今天晚上的。那么,你会待在家里休息还是去看演出? 结果,只有 30% 的被调查者说他们会去看演出。

(资料来源:骆品亮. 定价策略[M]. 上海:上海财经大学出版社,2006.)

由此可见,即时付款对已购产品的使用率有至关重要的影响。芝加哥博物馆的实验表明:顾客在消费时付款或者临近消费的某个时间付款,将提高顾客对于产品成本的关注,并增加他们使用产品的可能性;相反,在购买前或者购买后很长一段时间付款的方式将降低顾客对产品成本的注意力,大大降低购物支出痛苦感,消费者会认为已经付出的金钱已经沉没、无可挽回,从而减少他们实际使用产品的可能性。

2)付款频率对消费的影响

从付款频率看,现在比较常用的支付方式是一年一付、半年一付、每季一付、每月一付等。那么,不同的付款频率对顾客的消费活动会产生什么影响呢?

假设张三和李四参加了本地一家健身俱乐部,并且决定购买一年的会员资格。张三打算在签协议的同时一次性交纳年费 600 美元,而李四则选择逐月交纳 50 美元。如果利息因素可以忽略不计。那么,他们两人中谁去健身俱乐部的次数更多?谁更有可能续缴会员费,延长会员资格?

观察结果表明:一开始,张三会经常去,想将付出去的钱"捞"回来。但是,随着时间的推移,张三会逐渐淡忘交纳 600 美元会员费时的心痛感觉,因而去健身俱乐部的动力也在逐渐衰退。反之,李四每个月都要承受付会员费的心痛感觉,每个月的付费都勾起他的内心感受,时常提醒自己:要去俱乐部健身把付出去的钱"捞"回来。图 7.3 总结了不同付款频率下的消费模式。

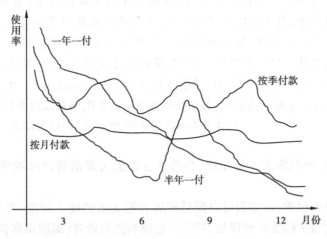

图 7.3　不同付款频率下的消费模式

3)付款手段对消费的影响

由于金融支付工具的不断创新,如今的支付手段除了常用的现金支付外,还有很多五花八门的支付工具,如支票、信用卡、购物卡、支付宝等。一般而言,使用非现金支付手段更能促使顾客不停地消费,因为"眼不见、心不痛"。这也是为什么许多没有用钱规划的年轻人经常将自己的信用卡"刷爆"的原因。

7.3.3　促进顾客消费的定价策略

基于顾客消费的定价对企业的发展有着重要意义,企业实施定价策略时应注意不能只停留在引导顾客"购买"的层面上,而必须把握顾客心理,促进顾客更多地消费产品。综合以上有关产品价格及支付方式、手段等对影响顾客消费活动的心理规律,企业在实施定价策略时需要注意:

1)如果企业想要强化消费者对产品成本的关注,可以通过单件计费和采用分期付款的方式,不断刺激消费欲望

与各种形式的捆绑定价相比,非捆绑定价更容易使消费者了解单件产品的成本,价格与利益的一对一关系更能激发顾客消费的激情。

【案例7.7】

滑雪胜地的价格实验

美国卡罗拉多一家滑雪胜地曾经做过这样一项实验:将100名滑雪爱好者分为两组,每组50人。给第1组的问题是:现在是卡罗拉多的早春,你正在一家滑雪胜地享受4天的假期。到达的那一天,你买了4张单日滑雪票,票价每张40元。现在是第4天早上,前3天你玩得很开心,但是昨天夜里下了一场大雨,滑道受到严重影响。一位友人建议,倒不如放松心情,提早回家可以避免交通高峰期。而给第2组的问题与第1组的差别仅在于,购买的不是4张单日票,而是一张价值160元的套票。测试者被要求用1~10的等级评分(1:肯定不去;……;10:肯定去)表示自己的意愿程度。实验结果表明:第1组的平均分为7.0,而第二组平均分为3.3。

(资料来源:骆品亮.定价策略[M].上海:上海财经大学出版社,2006.)

由此可见,与捆绑式定价相比,单件计价使购买者消费产品的积极性大大提高了。

而采用分期付款,一方面可以降低顾客大笔支出的痛苦程度,刺激消费欲望;另一方面每次付款都能有规律地、持续不断地刺激消费者,提醒顾客消费。各国房地产市场的发展,在很大程度上应该归功于分期付款支付方式的发明。

总之,企业在定价时必须明白:顾客能够感觉到的产品成本比他们实际支付的成本更能驱动消费。

2）如果企业想使消费者产生沉没成本效应来建立顾客忠诚，可采用预先付款、销售"套票"的方式，但应适时采用各种各样的策略提醒消费者消费

预先付款、套票销售可以使企业获得大量的现金流，还可以在一定程度上"套牢"消费者，排斥竞争对手。但是，在沉没成本效应中，"套牢"顾客以促进消费是有利的一面，但也存在对促进消费不利的一面：随着时间的推移，消费者会逐渐淡忘当时支付的痛苦，产生"反正已经交了钱，不能后悔，也无法挽回了"的想法，时间一长，有的顾客甚至可能放弃消费。很多美容卡、健身卡长期处于"休眠"状态就是这个道理。因此，采用这种定价策略的企业，一定要注意想方设法采用各种手段，适时提醒、刺激、鼓励消费者前来消费。比如，在销售足球套票时，可以采用现场抽奖、明星表演等方式刺激已购买套票的消费者到场观看比赛；对各种预充值的价格策略，规定有效日期，迫使顾客积极消费等。

最后，我们综合利用本章理论，来分析一种令人耳目一新的定价模式。

【案例7.8】

Gym-Pact：免费健身的对赌

这周看到美国有一个极有趣的新定价模式：一位哈佛刚毕业的华裔年轻创业家张怡芳，创立了一个新的健身中心的获利模式，她称为 Gym-Pact，中文翻成"健身合约"。如果你想健身，可以免费加入 Gym-Pact，免费使用健身设施。签约的时候，不必交一毛钱，但 Gym-Pact 会先留下你的信用卡号码。按照约定，如果你今天明明该来健身，却没有出现在健身房里，那么，你就要付钱了——失约一次，Gym-Pact 就马上收 25 美元，如果整个"不玩了"，75 美元又从信用卡转入 Gym-Pact 的账户。换句话说，你看到在健身房运动的那些人，他们并没有付钱，反而是"没看到"的那些人在支付费用，让这间健身房继续存活下去！这样的定价模式，有人买账吗？

Gym-Pact 打的旗帜是，它是要来帮助大家约束自己。我们都只会说要每周健身 3 次，但大部分人都无法实现诺言，因此，Gym-Pact 说服大家，来吧，免费的健身房！如果你没按时来，才需要付钱！交代清楚了客户端，那么健身房哪来呢？要自己开吗？不，张怡芳只需要去和一些健身房谈，让她代替那些想运动的客户，以优惠价大量地购买 10 个、20 个、甚至上百位的健身房会员卡。你说，哪一家健身房会反对这笔没风险的大生意呢？于是我们看到，一人一月罚一次的钱基本上就能抵消掉 Gym-Pact 向健身房购买一个健身名额的成本了。何况 Gym-Pact 拿到的价格会更优惠，还不用维护健身设备、没有房租等压力，利润绝对比开健身房更丰厚。而失约的人总是比想象的更多，积少成多的罚金源源不绝地进入 Gym-Pact 账户。

Gym-Pact 就是这样以免费为"诱因"，利用客户一定会自己出状况、从而放弃

自身的福利获利。客户被罚绝对无话可说——谁叫你太相信自己的决心呢？只要人性永远都是这样,那么,Gym-Pact 永远都是赚钱的。

(资料来源:刘威廉.商界,2011(3).有删改。)

　　从相关媒体的描述中,我们不难看出,健身合约定价模式的链条,涉及的环节主体有 3 个:健身房、Gym-Pact 和消费者。

　　一是健身房。健身房实际上是这种模式中的生产商,它将健身卡以优惠的价格卖给 Gym-Pact。我们知道,健身行业前期需要投入的固定成本较高,而后期顾客健身的边际成本很低。从理论上讲,只要顾客每次健身的价格高于边际成本,对健身房利润的增加都是有贡献的。因此健身房有足够的动力可以也能够给 Gym-Pact 这样的大客户予以较高的价格优惠。再加上 Gym-Pact 用现金立即支付,健身房不用承担任何风险,所以健身房非常乐意与 Gym-Pact 进行合作。

　　二是 Gym-Pact。对上游健身房来讲,Gym-Pact 其实是充当了批发商的角色,而这显然不是"健身合约"模式的引人注目之处。这种模式的亮点在于 Gym-Pact 对下游消费者的定价策略:用免费与督促顾客健身的名义将其吸引过来,但一旦客户"犯错"(除生病与受伤外)即被处以重罚,只要罚金的收入高于当初向健身房购买健身卡的成本,Gym-Pact 即可实现赢利。因为每失约一次罚款 25 美元,中途退出则需缴纳 75 美元,所以对那些失约次数达到 3 次的顾客来说,理性的选择是中止合约、选择退出。我们假设每个顾客失约 i 次的概率为 p_i,每张健身卡的成本为 c,则只要:

$$25 \sum_{i=1}^{3} ip_i - c > 0$$

Gym-Pact 就可以实现赢利。

　　根据"健身合约"赢利模式的设计原理,消费者进行消费(健身),对 Gym-Pact 是不会产生任何利润的;而恰恰是消费者不进行消费(健身)才能给 Gym-Pact 带来利润,且不消费的次数越多,利润越大。在"健身合约"之前,所有的定价模式都是依靠促使消费者进行消费来获取利润,消费者消费得越多,企业的利润也越多。因此,"健身合约"定价模式的赢利逻辑是对传统定价模式的一种背叛与颠覆,这也正是它的新颖独特之处。

　　三是消费者。消费者受到免费健身的诱惑以及对自己不会"犯错"的自信,成为 Gym-Pact 的客户。对那些梦想拥有迷人体态和强健体魄的消费者来说,这种诱惑的吸引力无疑是强大的:可以督促自己实现理想,且只要坚持就可能"免费",何乐而不为呢? 即使被罚款,那也是我自己造成的,我无话可说,我心服口服。

　　从以上的分析来看,"健身合约"改变了传统定价模式的形式与赢利逻辑,它的主要成功之处便在于紧紧抓住了消费者的消费心理与行为规律。预期理论对消费者利得与损失效用的理解,是"健身合约"定价模式的理论基础。我们知道,目前健身房最常用的定价策略是利用月卡、季卡、年卡等,让顾客在健身之初预先支付一大笔钱,然后在限定的时间内进行一定次数的消费。这种策略最大的好处在于预先付款可以使顾客在规定的时间内被锁定。因为一开始"支付一大笔钱"的痛苦是最强的,所以顾客在最初会积极进行锻炼;但是随着时间的推移,这种痛苦会逐渐降低直至沉没成本效应出现,健身者认为这笔钱反正已经付出而无法更改,于是疏于锻炼甚至彻底放弃。"健身合约"定价模式则将付款时点放在消费之后:消费,不付款;不消费,罚款。消费者对每一次的违约成本即价格非常清楚,且每违约一次才支付罚款一次。这样,通过延迟分期付款,强化了顾客对单位成本的关注,让违约的消费者时时感到支付的痛苦,时时给消费者予以刺激,客观上起到了促进顾客消费的作用。对健身者来说,尽管对瘦身与健康的"利得"是渴望的,但健身月卡、季卡或年卡的一大笔支出却是痛苦的,现在既然有这样的机会让我有可能免费健身,我为什么不试一试呢?"健身合约"正是利用了人们对于损失,特别是眼前损失的极大厌恶以及愿意冒风险赌一把以避免损失的心理,让消费者心甘情愿地与之签约。

　　"健身合约"定价模式被媒体报道后,很多人认为它可以与 Groupon 的模式媲美,而后者被证明开辟了一个崭新的商业赢利领域。但是,"健身合约"定价模式要取得成功,取决于以下几点:

　　一是行业需契合顾客对自身的提高与期许。这是"健身合约"模式成功的前提。因为只有行业与顾客自身的提高与期许相结合,顾客才有兴趣积极挑战自己,希望从不犯错而"免费"实现理想的自信更强,从而吸引大量的消费者参与进来。

　　二是行业的消费期较长,且消费过程需耗费大量的时间和精力。因为对顾客违约的罚款是"健身合约"利润的唯一来源,所以顾客犯错的可能性越大,赢利性就越强。行业的消费期越长,顾客越难持之以恒。并且当消费过程需耗费大量的时间与精力,对一般消费者来讲是痛苦而非享受时,顾客越容易犯错。譬如,对于经常与健身行业相提并论的美容行业,如果同样实行这种定价模式,尽管也能成功地吸引消费者,但顾客犯错的可能性大大降低,要实现赢利可想而知是比较困难的。

　　三是行业具有明显的规模优势。从定价策略的角度看,因为这类行业往往具有较低的边际成本,所以可实行略高于边际成本的低价以吸引顾客。此时尽管单个顾客(产品)对利润的贡献不高,但聚沙成塔,只要顾客(产品)量达到一定规模,也可实现赢利。对"健身合约"这样的中间商来讲,这类行业有两个好处:一是能够以较低的价格从生产商手中购买产品;二是可适度降低对违约罚款的数额以免消费者知难而退,从而大大增加了赢利的可能性。

从而可知,"健身合约"的定价模式与 Groupon 相比,在更多行业领域内推广的可行性要低得多。此外,这种模式随着实施的深入,还可能面临以下问题:

一是赢利逻辑的内在矛盾。参加"健身合约"的消费者,按时消费不能给企业带来收益,而没有消费才能给企业带来利润,且不消费的次数越多、利润越大。这种赢利逻辑的设计,对中间商而言,似乎尚且不会产生大问题。但是生产商照搬了这种模式,就会让自己陷入两难的境地:如果想增加企业的利润,那么不来参加消费的顾客越多越好,但顾客都不来消费,企业又如何去传递产品口碑、树立产品品牌、建立顾客忠诚呢?如果顾客都按时进行消费,树立品牌、建立顾客忠诚的问题是可以解决了,但企业的利润却又没有了保障。这就如同天平的两端,一边按下去了;另一边必然翘起来,其中的平衡很难掌握。

二是赢利的可持续性。有人认为,"健身合约"会永远赢利,因为"贪婪"的人性会让消费者源源不断地加入其中并层出不穷地犯错。但问题的关键是:经过多次重复博弈之后,消费者会永远犯错吗?当消费者第一次信心勃勃地参与"健身合约",历经犯错、罚款、退出,最后明白得不偿失之后,他还会第二次、第三次如飞蛾扑火般地再次挑战自己吗?如果不会,"健身合约"的顾客群体数量就会呈现收敛的态势。当严重的逆向选择出现后,参加合约的都是犯错概率极低的"铁杆"健身爱好者,它又靠什么来获取利润呢?要知道,"健身合约"是不参与顾客在消费过程中产生的任何收益的。

综上所述,"健身合约"的定价模式还需要在实践中加以改进和完善。譬如,作为中间商的"健身合约",能否凭借对顾客良好的激励作用与生产商谈判,参与顾客在消费过程中的收益?这样,顾客不消费,"健身合约"得到罚款;顾客消费,"健身合约"得到利益分成,其赢利性可大大增强。而生产商只需充分利用被"健身合约"吸引过来的庞大顾客群体,通过提供更多的相关产品来增加关联性消费收入,提高自己的利润水平,即可实现与"健身合约"的双赢。

【复习思考题】

1.根据预期效用理论,消费者对于"利得"与"损失"的效用有什么规律?请联系实际,说说这些规律在定价实践中的运用。

2.囚徒定价比较适合什么样的产品?

3.企业如果实施囚徒定价,你认为成功的关键是什么?

4.招徕定价品是否一定实行低价?为什么?

5.对于消费者已经形成"价格定势"的商品,企业在对其定价时应该注意什么?

6.请谈谈整数定价与尾数定价各自的优劣。

7. 声望定价与价值定价是一回事吗？说说你的理由。

8. 促进顾客"消费"而非仅仅"销售"，对于企业的发展有什么意义？

9. 请结合实际，阐述不同的付费方式对顾客消费心理与消费活动的影响。

10. 对如何促进顾客消费，谈谈你的看法。

【实践练习题】

找一家大型超市或综合百货商店，考察它们产品的价格，就其各种定价策略的实施与改进完成一份调查报告。

第8章

产品生命周期定价

产品生命周期 PLC(Product Life Cycle)是企业动态商业计划的一个经典模型。正如生物进化论所讲的,生命要经历出生、成长、成熟、死亡4个阶段,以某种新产品推出而定义的市场通常也会经历4个阶段:导入期、成长期、成熟期再到衰退期,即一个产品概念从产生开始,逐渐被顾客接受,然后被所有顾客接受,最后被更能满足顾客的新产品代替而步入死亡,如图8.1所示。

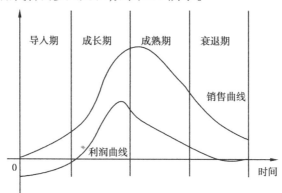

图8.1　产品生命周期中的销售与利润曲线

由此可见,在产品的每个阶段,市场都有与之相对应的阶段特性。因此,在企业的长期发展战略规划下,产品的定价策略和技巧也应适势而变。

8.1　导入期产品的定价策略

每一个产品生命周期都始于一个创新性新产品的上市,而创新产品是新的、独特的、顾客从未体验过的产品。但是,并非所有的新产品都属于创新产品,有一些新产品其实是利用新技术对成熟产品的改进与改良,而这从营销学的角度来看,更多的是体现成熟期的产品差异化策略。因此,判断一种新产品究竟是处于生命周期早期的创新性产品,还是对现有成熟产品的改进,对于我们根据所处的生命周期阶段制定相应的定价战略非常重要。

8.1.1　导入期产品定价的根本任务

创新产品的定价对企业的长期发展将产生显著的影响。这主要是因为:一方面,创新产品往往意味着市场的发展方向,构成企业销量和利润增长的主要源泉。若定价失误,如定价过高,新产品可能无法达到保证赢利的销售量;而定价太低,又不能赚取足够的利润,且会对企业未来的成长带来长期影响,因为现有产品价格是未来产品价格的主要参考指标(我们通过前面章节的学习已经明白,参考价格较低会令消费者认定购买行为将带来损失,从而导致更高的价格敏感度和更低的购买意愿)。另一方面,创新产品能给顾客带来全新的消费体验,同时顾客也缺乏确定产品价值与公平价格的参照物体系。从而,企业面临一个改变消费者购买行为的绝佳机会:相比较成熟产品市场而言,消费者更易接受新的价值沟通、营销方式和价格策略。因此,不管对导入期产品执行何种价格,企业的价格策略必须实现以下两个基本任务:

1) 传播产品信息

在产品导入期,消费者对产品缺乏了解,从众心理十分明显,购买决策在很大程度上取决于已购消费者的口碑传递。因而,传播信息对新产品迅速打开市场显得非常重要,特别对支出费用数额较大的产品尤其突出。例如,此前的研究发现:影响一家人购买空调的最主要原因既不是收入等经济因素,也不是卧室是否朝阳等需求原因,而是与其他已有空调家庭的社交互动。另外,有研究表明,当创新产品实现2% ~5% 的市场份额后,销售数量将急剧上升。因此对企业来说,尽快将潜在顾客转化为产品的初始消费人群,再利用这些敢于"吃螃蟹者"将产品信息尽快传播出去,是导入期产品定价面临的首要任务。

2) 教育、培养消费者

因为大多数消费者对创新产品及其如何以新的方式满足自己的需求所知甚少,所以导入期产品定价面临的第二个主要任务是教育、培养消费者,重塑顾客对产品价值的认知体系。即使是那些"首试者",他们对如何评价产品特性的价值也可能知之甚少。因此,企业应该明白并强调那些最可能导致顾客购买的产品属性,通过以价格为中心的营销组合策略去影响人们对这些属性的价值认识,特别要尽全力确保"首试者"对产品持肯定态度。

综上所述,在导入期,尽管没有或很少有竞争者,但由于顾客对产品缺乏了解,企业会面临较高的市场开发和营销费用。产品的定价策略,应该充分利用消费者较低的价格敏感性,通过有效的传播和沟通,教育、培养潜在顾客,向他们充分展示产品价值并助其形成对产品价值和价格的正确判断。

8.1.2　导入期的定价策略

1) 撇脂定价

撇脂定价是指在导入期尽可能地对产品实行高价,以获得丰厚的短期利润、迅速收回投资。采用撇脂定价的主要依据是导入期顾客较低的价格敏感性,因而可以执行与顾客的产品价值判断最相近的高价。当然,只有当从价格不敏感客户身上获得的收益超过依靠较低价格从更大的市场获得的收益时,这种策略才是有效的。必须指出的是,客户对价格不敏感,并不意味着他们会傻到接受不可思议的高价格,而是愿意支付与他们对产品价值判断一致的价格。因此,撇脂定价对产品价值的传递与沟通提出了很高的要求,最理想的境界是取得顾客对品牌的高度认同从而成为企业产品忠实的拥趸者。

在定价实践中,对重复购买率较低的商品,很多企业是通过数次的小幅降价来实现阶段性撇脂。阶段性撇脂需要注意两点:

一是如果购买者非常熟悉企业的这种定价策略以至于可以预见到进一步降价的可能性,那么他也许会一直处于观望状态而推迟购买。因此,企业一定要控制降价幅度和频率,必要时可以选择对不同阶段的产品加以区分,迫使潜在顾客承受巨大的等待成本。

二是当市场信息不对称时,潜在进入者可能会通过观察在位者的价格来判断在位者的成本信息及行业吸引力。毫无疑问,高价格将对潜在进入者发出积极的信号,而他们进入现有市场后,在位者的阶段性撇脂能力可能会受到较大影响。

比如,一个企业开发一种财务软件,三个潜在顾客 A,B,C 为这种财务软件的支付意愿分别为 10 000 元、8 000 元、6 000 元,每个顾客最多购买 1 个单位的财务软件;边际生产成本为 3 000 元。如果采用单一定价,那么,财务软件的最优定价为 8 000 元,这样可以销售 2 个单位,获得 10 000 元的利润。但是,如果采用阶段性撇脂定价,企业可以在第Ⅰ阶段定价 10 000 元,吸引顾客 A 购买;在第Ⅱ阶段定价 8 000 元,吸引顾客 B 购买;到了第Ⅲ阶段,将价格降至 6 000 元,吸引顾客 C 购买。不考虑贴现因素,三个阶段的总利润为:

$$(10\,000 - 3\,000) + (8\,000 - 3\,000) + (6\,000 - 3\,000) = 15\,000(元)$$

但是,市场的新进入者将损害创新产品的撇脂定价能力:当创新产品厂商在第Ⅰ阶段制定价格 10 000 元获得利润 7 000 元后,潜在进入者观察到在位者的高价格后推断该财务软件市场的高赢利性,于是在第Ⅱ阶段进入市场,双方展开价格竞争,均衡价格是 6 000 元。顾客 B 和顾客 C 均购买软件,假设在位者和进入者的财务软件是同质的,那么顾客 B 和 C 将随机向在位者或进入者购买软件。这样,创新产品厂商获得的总利润不可能达到 15 000 元,并且,在顾客 B 和顾客 C 都购买进入者软件的条件下,在位者的利润水平甚至小于在导入期制定单一价格时的利润。

因此,实行阶段性撇脂定价的企业应该依靠一些非价格的保护手段来阻止潜在竞争对手的进入,如某种技术专利、较高的品牌忠诚度、获得稀缺资源的机会和最佳分销渠道的优先选择权等。若不然,创新产品厂商应该选择低价,一方面快速占有市场、遏制潜在进入者;另一方面,让潜在进入者产生"错觉",以为在位者成本足够低或者市场吸引力较弱。这便是渗透定价的主要思想。

2)渗透定价

渗透定价与撇脂定价刚好相反,在导入期对产品制定一个足够低的价格,以尽可能地吸引顾客、占有市场。渗透定价中的价格并不一定意味着非常便宜的绝对低价,而是指相对于目标顾客的产品认知价值而言,价格是低的。这样,顾客由于可以获得非常"超值"的消费体验而踊跃购买,创新产品的口碑也可借助率先尝试的"革新者"而迅速传播开来。特别地,对于那些需求价格弹性较高的产品,渗透定价是一个非常有效的价格策略。

但是,随着市场进入者的增多,渗透定价很有可能演变为一场轰轰烈烈的价格战。为此,如果企业具有以下有利条件,实施渗透定价就可以在维持市场份额的基础上获得满意的利润:

一是企业有着巨大的成本优势和资源优势,以至于竞争对手相信,如果发动价格战自己不会占到任何便宜。

二是企业的产品线比较丰富,能以其中一种产品采用渗透定价以致亏损为代价,促进其他产品的销售。想一想囚徒定价、招徕定价的原理,就会明白其中的含义。

三是企业的市场份额很小,降低价格既能增加销量又不至于引起竞争对手的强烈反应。

3)不确定性下的定价策略

在导入期,创新产品将会面临许多不确定性因素,其中最主要的是市场需求的不确定和成本控制的不确定。那么,在不确定性下企业应该如何合理制定产品价格呢?下面介绍两种基本方法:基于盈亏平衡的定价和基于期望利润的定价。

(1)基于盈亏平衡的新产品定价

假设一个企业计划推出一种新型咖啡机,计划有 3 种定价方案:12 元、15 元和 20 元,但是该企业并不知道在每种价格下的市场销量。假定企业知道生产咖啡机的成本为 $C(q) = 50\ 000 + 10q$,即生产咖啡机的固定成本为 50 000 元,边际生产成本为10元。此时,可以采用基于盈亏平衡销量的定价策略。

首先,我们来确定对应于每种价格的盈亏平衡销量。因为盈亏平衡销量可由公式 $q_{BE} = 50\,000/(p - 10)$ 得出。由此计算出每种价格下的盈亏平衡销量,如表8.1所示。

表8.1 每种价格下的盈亏平衡销量

价格(元)	盈亏平衡销量(个)
12	25 000
15	10 000
20	5 000

在确定每种价格方案下的保本销量后,企业应估算每种价格下实现保本销量的概率。因为只有实际销量大于保本销量,企业才可能赢利。最后,企业可以选择那个最有把握实现保本销量的价格方案。由此可见,基于盈亏平衡的新产品定价策略虽然不要求企业获得销量的准确信息,但要求企业判断在每种价格下实现盈亏平衡销量的可能性。

另外,表8.1显示,盈亏平衡销量下降的速度远远高于价格增加的速度。比如,当价格由12元增加至15元,即价格增幅为25%时,盈亏平衡销量则由25 000元降至10 000元,降幅达到60%。于是可以设想,盈亏平衡销量是否富有价格弹性呢?

事实上,因为盈亏平衡销量为:

$$q_{BE} = F/(p - C) \tag{8.1}$$

其中,F 为固定成本,p 为产品价格,C 为边际成本。

对式(8.1)求关于 p 的偏导数,有:

$$\partial q_{BE}/\partial p = -F/(p - C)^2 \tag{8.2}$$

则盈亏平衡销量的价格弹性为:

$$\begin{aligned}
\varepsilon &= (\partial q_{BE}/q_{BE}) \div (\partial p/p) \\
&= (\partial q_{BE}/\partial p) \times (p/q_{BE}) \\
&= -p/(p - C) \\
&< -1
\end{aligned}$$

因此,盈亏平衡销量的确是富有价格弹性的。从这个意义上讲,基于这种方法的定价思想,企业可能会倾向于制定一个较高的价格。

更进一步,如果生产成本也不确定。一般而言,企业对固定成本支出比较容易控制,而影响边际成本的不确定因素较多。假设企业知道咖啡机的边际生产成本可能是 9 元、10 元和 11 元,企业又应该如何为产品定价呢?

　　同样,对应于每种可能的价格,可以计算在各种成本下的盈亏平衡销量,如表8.2 所示。

表8.2　成本不确定下的盈亏平衡销量

价格/元	边际成本(元)		
	9	10	11
12	16 667	25 000	50 000
15	8 333	10 000	12 500
20	4 545	5 000	5 556

　　表 9.2 显示,当价格较高时,如 20 元,随着边际成本的变化,盈亏平衡销量的变化不显著;但是,当价格较低时,如 12 元,随着边际成本的变化,盈亏平衡销量的变化很大。因此,在成本不确定的情况下,基于安全考虑,企业应该选择高价格,以规避成本波动的风险。

(2)基于期望利润的新产品定价

　　假设企业为风险中性,如果在需求不确定的情况下,企业可以通过市场调查、市场实验或根据相关产品的销售经验来获得产品需求的分布信息,那么,我们可以用产品在不同价格方案下的期望利润来确定最优价格。

　　假定欧普公司拟向市场推出一款新型节能灯泡,考虑两种定价计划:25 元或30 元。定价经理通过市场调查得到两种定价方案下的市场需求分布:

$$q = \begin{cases} 2.5\,万(0.2) \\ 3.5\,万(0.7) \\ 5\,万(0.1) \end{cases} \qquad q = \begin{cases} 1.5\,万(0.5) \\ 2.5\,万(0.3) \\ 4\,万(0.2) \end{cases}$$

定价 25 元的市场需求分布　　　　　定价 30 元的市场需求分布

　　根据上述需求分布信息,可以分别计算出每种价格方案下的期望利润。其中,定价 25 元的期望需求量为:

$$E(q) = 2.5 \times 0.2 + 3.5 \times 0.7 + 5 \times 0.1 = 3.45(万)$$

　　则其期望收益为:

$$E\prod = (25 - 18) \times 3.45 = 24.15(万元)$$

定价 30 元的期望需求量为:

$$E(q) = 1.5 \times 0.5 + 2.5 \times 0.3 + 4 \times 0.2 = 2.3(万)$$

　　则其期望收益为:

$$E\Pi = (30 - 18) \times 2.3 = 27.6(万元)$$

因此,在基于风险中性的前提下,欧普公司应该采用30元的定价方案。

此外,导入期对创新产品的定价,还常常采用以下促销技巧:

一是鼓励"试用"。如让利试销、发放优惠券、制造商与经销商双重还利,甚至免费试用。当然,对于大多数耐用品及信息性产品等不宜采用试用形式促销,在购买行为发生之前就应该对顾客加以培训。

二是直销。对于购买支出费用较大的创新产品,通过直销的形式,让销售人员近距离接触潜在消费者,了解顾客需求,详细解释产品的所有信息,对产品价值的传递与沟通、促使消费者作出购买的决策是非常有效的。比如,购置商业计算机在20世纪50年代对于顾客来说风险极大。即使顾客相信计算机硬盘的质量,他们也不能确保一个计算机系统确实能像销售商声称的那样完成诸如记账、发放工资及制订生产计划之类的工作。IBM公司将硬件、软件、系统分析和利益保障的人员培训结合在一起,作为整体产品出售,结果提高了计算机的商业采用率。

三是善于通过分销渠道促销新产品。因为直销往往会增加营销成本,同时销售效率也得不到保证。因此对大多数产品来说,还是应该通过分销渠道商进行间接销售。企业必须说服分销商积极地促销自己的新产品,当然最有效的途径莫过于给分销商较低的批发价从而给予其较大的利润空间。比如,生产食品加工机的魁森纳特(Cuisinart)有限公司通过能使零售商获得丰厚利润的产品建议零售价的形式,给予零售商相当的激励:百货商店、厨具商店积极在店内进行实物展示,并开设Cuisinart烹饪课程,从而将食品加工机成功引入美国市场。

8.2 成长期产品的定价策略

在成长期,由于信息传播过程已经启动,初次购买者可以参考"首试者"的意见;而重复购买者可以通过以前的消费经验来作出判断,对产品的了解程度不断加深。因而,此时顾客的注意力不会再停留在单纯的产品效用上,他们开始比较不同品牌的成本与特性。所以,企业定价问题的重点已开始发生变化。

8.2.1 成长期产品定价的根本任务

成长期的主要特点是随着潜在消费者向现实消费者的不断转化而带来的市场规模的急剧增长。但同时,不断有新进入者参与其中的竞争,整个市场结构处于动态的变化调整之中,每一个企业都在设法从这个快速增长的"大蛋糕"中分得一杯羹并极力保护它。因此,企业竞争的焦点不应停留于单纯的产品差异化或成本领先战略上,而应该从两者连续、统一的结合体中找到最合适的一点,来制定自己的价格战略和营销组合战略。

8.2.2 成长期产品的定价策略

1) 基于差异化战略的产品定价

采用差异化战略的企业,致力于研究产品和服务的独特性,满足顾客特殊的需求偏好。在成长期,只要企业能够确立作为某些产品特性的主导供应商的地位,就可以形成竞争优势。即使市场竞争加剧,也会因为产品的独特性而产生价值效应,在增强顾客忠诚度的基础上降低顾客的价格敏感度,保证企业依然可以获得较高的利润。比如,在计算机、手机市场,苹果公司由于推出了用户友好型的操作界面、专有的操作系统和独特的产品设计,在消费者心目中就建立起了这样的声誉和地位。因此,苹果的定价总能够高于同类型的产品。由此,因为差异化产品独特的价值与属性,尽量收取与之相适应的应得回报是在这种战略下产品定价的基本原则:

①如果行业中只有个别企业运用产品差异化战略,则应该在对产品评价很高的细分市场上进行撇脂定价。并且,若企业能够辅之以其他的营销策略来巩固、维持产品的差异化优势,如产品或服务的独特性具有某种壁垒,在顾客购买及消费过程中形成转换成本等,那么企业依靠撇脂定价策略获得的利润回报可以更为持久。当然,企业在实施这种定价策略时还必须注意控制产品的差异化成本,否则,当顾客愿意支付的溢价超过差异化成本时,这样的产品和价格策略必将失败。

【案例8.1】

农夫山泉的产品差异化战略

农夫山泉股份有限公司原名浙江千岛湖养生堂饮用水有限公司,成立于1996年9月,2001年6月改制成为股份有限公司。1997年6月,农夫山泉在上海、浙江的重点城市上市;1998年,农夫山泉在全国推广,掀起红色风暴,市场占有率跃升到全国第三;2002年3月,AC尼尔森市场研究公司发布的"中国消费市场调查"结果显示,在瓶装水行业,农夫山泉是最受消费者欢迎的品牌。

在开拓市场之初,农夫山泉遇到的最大挑战就是同行业内的竞争。自1987年青岛崂山生产出我国第一瓶矿泉水,到1996年,我国矿泉水企业已发展到1 200多家。而20世纪90年代中期开始起步的纯净水,更是让水市雪上加霜。从1995年到1997年,娃哈哈相继从国外进口纯净水生产流水线,使得它生产纯净水的能力增加到每天30万箱。紧随娃哈哈之后,不仅有乐百氏、康师傅等大型饮料、食品企业纷纷加入到纯净水生产行列中,更多的中小纯净水生产企业也雨后春笋般地冒了出来。众多品牌的纯净水大量涌入市场,不可避免地引发了激烈的水市大战。

此时,农夫山泉看准了对手的软肋,把产品质量的差异化作为战胜对手的法宝。作为天然水,水源是农夫山泉一直宣扬的主题。天然水对水源的要求极为苛刻,它不像纯净水可以用自来水做原水经过净化后就能达到出售的标准,天然水的水源必须是符合一定标准的地表水、泉水、矿泉水,取水区域内要求环境清幽、无任何工业污染。农夫山泉在早期的广告中就告诉大家"农夫山泉——千岛湖的源头活水",因为国家一级水资源保护区"千岛湖"的水资源是独一无二的,而农夫山泉来源于千岛湖水面下70 m,pH值最适宜的那一层。因此,在农夫山泉红色的瓶标上除了商品名之外,又印了一张千岛湖的风景照片。与其他商品相比,差异性立刻凸现出来,无形中不但彰显了其来自千岛湖水源的纯净特色,红色亮眼的商标更在一摆上货架的同时,立刻抓住了众人的目光。在产品包装上,公司于1997年在国内首先推出了4 L包装的农夫山泉饮用水。这种包装新颖、独特,给人以水、油等价的感觉,在消费者心目中留下了农夫山泉比一般饮用水高档的初步印象。1998年初,养生堂公司继续推出运动型包装的农夫山泉,瓶盖的设计摆脱了以往的旋转开启方式,改用所谓"运动盖"直接拉起的开瓶法。当时这在国内饮用水包装上也是独一无二的。在价格上,为了显示自己的身价,农夫山泉从进入市场以来,一直定位于高质高价,没有被卷入由水业霸主们挑起的价格战之中。即使在水市价格大战打得不可开交的1999年,它依然不为所动:运动型包装2.5元/瓶,普通瓶装1.8元/瓶。这个价格几乎是同量的其他品牌饮用水价格的2倍,从而在消费者心目中树立起农夫山泉作为高档次、高品质、高品位的"健康水"的品牌形象。在品牌名称上,赋予饮用水"农夫山泉"这样一个名字,有着它深刻的内涵。"农夫"二字给人以淳朴、敦厚、实在的感觉,"山泉"给人以远离工业污染、源于自然的感觉,这正好迎合了当前都市人回归自然的消费时尚。2005年上市的"农夫果园"果汁饮料,更是突出了与对手的差异。如今,市场上的果汁饮料口味繁多,橙汁、西柚汁、苹果汁、柠檬汁、葡萄汁、梨汁、芒果汁、桃汁、杏汁、猕猴桃汁不胜枚举。但这些产品一般都是单一口味,农夫果园作为一个后进的品牌,在产品设计上没有像一般的厂家那样依照现有的口味跟进,而是独辟蹊径选择了"混合口味"作为突破口,凭此屹立于强手如林的果汁市场。混合口味作为差异化营销的基础,作出这样的选择显示了农夫的勇气,因为在国内市场上"混合口味"还没有成功的先例。农夫果园走混合果汁路线,一来避开了与先入市的几大品牌正面冲突,二则可以确立在混合果汁品牌中的领导地位。

(资料来源:http://info.ceo.hc360.com/2005/08/24073015912.shtml.有删改。)

②如果整个行业中的企业普遍采用产品差异化战略,则应该制定适中价格或渗透价格,尽力扩大产品销量从而获取收益。必须指出的是,有时渗透定价对差异

化产品同样适用,这在工业产品市场较为普遍。当某企业开发了顶级的设备、计算机软件或服务时,他们可以选择将其价位设定在同类竞争产品之下,以便在竞争对手进行模仿、产品的差异化优势被消除之前锁定较大的市场份额。但是,渗透定价用于差异化消费品一般不太成功,因为有能力为符合其需要的差异化产品特性买单的买家一般都不会讨价还价。

2)基于成本领先战略的产品定价

如同产品差异化战略一样,成本领先同样可能是个别企业采用的战略,也可能是行业普遍采用的战略。如果公司寻求依靠海量销售取得整个行业的成本领先地位,渗透定价常常在战略实施中起到积极的作用:既能快速占有市场份额,又能提高市场进入门槛。格兰仕就是凭借这个战略,挤走了国内其他的微波炉生产商,同时也使国际上大的投资集团失去了在中国投资生产微波炉的兴趣。

但必须指出的是,渗透定价并非是建立行业成本领先地位唯一正确的价格选择。比如,在一个价格敏感度偏低、产品缺乏价格弹性的市场,渗透定价将不能使厂商占有足够的份额来实现或利用成本优势。这种情况下,中性定价是最适宜的定价战略,并且企业若能以其他的手段如技术领先、有创意的广告宣传及广泛的分销策略加以补充,就能够在市场竞争中最终获胜。

3)单纯的降价策略

一般来说,成长阶段产品的最佳价格都要低于市场拓展阶段的产品价格,而与实施的产品战略无关。这主要是因为:一方面,从需求角度看,处于市场成长期的买家对产品越来越熟悉,同时也有了更多的购买选择,可以更好地评估竞争产品的价值。因而,与市场导入期较低的价格敏感度相比,成长期顾客的价格敏感度更高一些。另一方面,从供给角度看,快速增长的市场为企业增加产出提供了基础,规模优势的获得使企业降价不必以牺牲利润为代价成为可能。

最后,由于有迅速扩大的市场作为保障,成长期的产品降价一般不会产生激烈的价格竞争。但是,如果存在下列情况,企业就需要注意了:一是具有显著的规模优势且市场对价格非常敏感,导致每个企业都将产量看成是长期生存的根本;二是销售量决定了哪种技术、哪种产品会成为行业标准;三是生产能力的扩大速度远远超过销量的增长速度。

综上,成长期企业在确定产品价格时,应该结合自己的产品定位与发展战略、研发能力、营销水平、市场特点等问题,选择与之相匹配的价格策略。

8.3　成熟期产品的定价策略

在产品的生命周期中,最长的阶段是成熟期。在成熟期,产品差异化缩小而且趋同质化;顾客由于重复购买已积累了丰富的消费经验,同时他们对品牌的盲目崇信度有所降低,较高的价格敏感性使他们总是会寻找最具性价比的产品。因此,这一阶段受整个市场环境的影响,定价决策的伸缩余地较前面两个阶段而言会变小,但企业仍然应该积极寻求有效的定价策略,否则将会在激烈的竞争中难以生存。

8.3.1 成熟期产品定价的根本任务

在成长期,企业利润在很大程度上来自于不断扩张的市场规模。但在成熟期,市场规模处于相对停滞的稳定状态,买方市场也基本形成,靠销量增长来拉动利润已基本不可能。因此,如果说成长期企业由于在扩张的市场中失去一些份额只会导致销售增长放缓,那么在成熟期企业失去市场份额就意味着销量的绝对下降。所以,成熟期有效定价的根本任务不是努力争夺市场份额,而是尽可能地创造竞争优势保护自己的市场份额,以避免被沉没成本拖垮。

8.3.2 成熟期产品的定价策略

1)打破捆绑定价,将有关组合产品与服务拆开销售

在导入期和成长期,行业领先企业使用将相关产品组合在一起低价销售即捆绑定价是合理的。这样做,一方面可以尽量减少顾客体验产品效用的障碍以吸引潜在顾客购买;另一方面还能增加潜在竞争对手进入市场的难度。但是,随着市场逐步走向成熟,竞争对手能够越来越逼真地模仿行业领先企业产品包中的各种差异性产品,如果行业领先者强迫客户购买打包产品,那么那些有经验、有见识的客户可能会彻底放弃购买,而选择从数量众多的竞争对手处购买"零件",再加以组装。这样,行业领先企业将失去可观的市场份额。因此,在成熟期,捆绑定价与销售将不再是一种积极防御的手段,反而可能为竞争对手创造机会。对行业领先企业而言,更好的做法是适应消费者与竞争对手,在保留完成某一功能所需核心部件的前提下,将其他相关产品和服务拆开来销售。比如,在日趋成熟的桌面计算机市场,供应商们不再一味销售组合产品,而是向顾客提供与核心产品相关的各种零部件、个性化定制服务等。

2)扩展产品线

在成熟期,虽然不断增长的竞争和越来越精明的买家使企业对主要产品的定价空间逐渐缩小,但企业仍可以调整自身的定位,通过扩展产品线以销售定价更高、赢利更多的外围产品和服务。比如,美国的一个百货批发商沃特尔(Watterau)在国内百货业日益成熟的情况下,通过向其目标客户——小型、独立的超级市场提供店面设计、货架排放、店员培训与融资服务等,不仅获得了短期高额利润,还建立

了长期、牢固的顾客基础。

3) 改进成本控制和利用

在由成长期向成熟期过渡的过程中,企业通过更仔细的成本分析,改进成本控制和利用,可能会发现新的显著提高利润的机会。比如,若产品需要投入加倍的销售努力,那么就应当提高其价格,使递增的销售成本得以体现;而对那些需求不足以支持更高价格的产品,可以考虑从产品线上撤下;若一些客户要求的服务与他们愿意支付的价格不成比例,那么不妨实施对服务单独要价的策略等。总之,如果说成长期为产品多样化和开发新客户进行长期投资提供了肥沃的土壤,成熟期则需要剔除那些不能令企业获利也无法令公司保持更高竞争力的产品和客户。

4) 重新评价分销渠道

进入成熟期,大多数生产厂家开始重新审视自己的批发价格,着眼于降低分销商的毛利。因为此时精明的顾客在购买产品时非常清楚自己需要什么,他们考虑得更多的是价格而不是将分销商或零售商的建议作为购买的主要指导。所以,企业无须向经销商支付产品的推广费用。同样,企业也不必再限制其零售商的类型。如今,苹果、康柏和 IBM 也开始涉足服务少、利润低的分销商领域,如折扣计算机连锁店、平价办公用品商店及仓储超市。这些打折销售的商家在早期可能会破坏企业市场拓展的努力,但在成熟阶段却能够确保厂商在价格敏感型买家中的竞争力。

8.4 衰退期产品的定价策略

在衰退期,由于顾客的需求偏好已经发生转移,新的产品市场逐渐孕育,而原有产品的市场规模急剧下降,产品出现严重的供过于求。企业如果不能准确地估计形势,将会面临致命的巨额损失而使以前的所有努力付之东流。

8.4.1 衰退期产品定价的根本任务

处于衰退期的行业,如果退出壁垒较低,大量的竞争者将会选择退出市场,存活下来的企业因为过剩的生产能力被快速摒弃可能也会获得可观的回报;但是,如果专业性投资引发的沉没成本过高,价格战将难以避免,每个企业都会希望通过杀价来争夺仅存的市场份额,而这并不能改变整个行业的需求颓势。因此,对绝大部分企业来说,衰退阶段的定价策略不是要赢得什么,而是如何以最少的损失退出或巩固自己的市场地位。

8.4.2 衰退期产品的定价策略

企业采用何种定价策略,主要取决于企业面临衰退采用的战略。

1）收缩战略

收缩战略即放弃某个或多个细分市场,企业将资源集中在自己最具竞争优势的产品线上。必须指出的是,收缩并不是为避免破产不得已而为之的权宜之举,而是精心策划实施的策略,其核心是从企业竞争地位中的薄弱环节中退出,使自己更精干、防御能力更强。因此,收缩战略的主要思想是只保有自身最强的产品线和价格以保卫在这些市场的份额。

【案例8.2】

百年柯达的痛苦转型

2003年9月26日,柯达宣布实施一项重大的战略性转变:放弃传统的胶卷业务,重心向新兴的数字产品转移。该战略的具体措施包括:①"以变应变",增加在非影像业务领域的投资;②不再向传统胶卷业务进行任何重大的长期投资;③公司重组,将原来的胶片影像部门、医学影像部门、商业影像部门重组为商业影像、商业冲印、医疗影像、数字及胶片影像系统、显像及零部件5大数字科技部门;④向消费者推出系列型号的数字相机和喷墨打印机,与富士、惠普、施乐、佳能和爱普生等在数字业务领域展开正面较量;⑤坚持其胶卷特许经营业务,积极开展私有品牌胶卷经营业务,如:胶卷将可以以非柯达品牌的商标在国外出售;⑥通过跨行业联盟形成消费者足不出户全面解决方案,即如下的产业链:数字相机(柯达或非柯达品牌)—联邦快递派送—连锁冲印店输出以及彩信(摄影)手机—网络传输—连锁冲印店输出—联邦快递派送—客户;⑦在中国市场,传统业务与数字业务两者兼顾,建设一个柯达全球生产中心,主要业务为组装核心型号的数字相机,同时开始零部件的本地化生产工作和数字冲印,而柯达传统的民用影像业务部门继续扩大中西部和二级城市的市场占有率,实现由"影像"到"影像＋零售服务"的战略转型;⑧实现"双T"(全面解决方案和全面满意度)和"双E"(延伸和扩张)的战略规划,加强终端输出。2009年6月,柯达公司宣布,旗下的经典产品柯达克罗姆胶卷停止生产。

(资料来源:http://www.em-cn.com/Article/200702/135734_2.html.有删改。)

柯达的收缩战略曾一度被证明是有效的:2005年,柯达取得数码相机市场份额第一的地位。虽然百年老企业柯达已于2012年1月宣布破产,但这个案例至少可以说明,在整个行业处于衰退的大前提下,柯达公司因为采取了正确的收缩战略而延缓了倒闭的速度。

2）收获战略

收获战略是指从一个行业中有步骤地撤退。同收缩战略一样,收获战略始于放弃自己最弱的环节。但收获战略的目的,不是使企业退居更易防御的竞争地位,而是从行业中退出。因此采用收获策略的企业,其产品定价不是为了保持剩余的市场份额,而是在有步骤的撤退中获得最大的现金流,即把处于衰退期的产品当做"金牛",为在其他前途更光明的市场积累投资资金。

【案例8.3】

古德里奇(Goodrich)的收获战略

古德里奇(Goodrich)曾是美国一家有名的轮胎生产企业。在20世纪70年代中期,由于石油价格上涨,消费者减少了汽车使用,购车者也转向轻型汽车,美国国内的轮胎行业受到很大冲击。当很多竞争对手还在翘首以盼,希望行业能够复兴时,古德里奇却开始有计划地退出市场。1980年,古德里奇关掉了所有亏损的生产线,卖掉了欧洲的工厂,放弃了大部分仓储和零售出口业务,由此获得了1.5亿美元的流动资金。此后,古德里奇转向了牧场经营,并投资于利润较高的聚乙烯产品的生产。到1981年,古德里奇超过50%的收入来自轮胎之外的销售,公司宣布退出轮胎市场,成功完成收获过程。

(资料来源:托马斯·内格尔,等.定价策略与技巧[M].应斌,等,译.北京:清华大学出版社,2008.)

3)巩固战略

巩固战略是指进一步通过核心能力的培养来提升竞争优势,使企业在衰退行业中取得更加稳固的地位。但是,这样的战略只适用于在衰退开始时财力雄厚的企业。因为良好的财务状况使得企业能够承受更大的风险,而其他实力较弱的竞争对手却不得不撤离。衰退行业的市场结构经过重新调整必然使得竞争激烈的程度大大降低,此时也许整个市场的绝对规模减小了,但成功实施巩固战略的企业可以拥有相对更大的市场份额,从而获得提高利润水平的机会。在实践中,采用巩固战略的企业往往通过"杀价"来挤垮弱小的竞争对手,夺取他们的市场份额以巩固自身的领导地位。

【案例8.4】

固特异公司的巩固战略

同样是轮胎生产企业,同样在20世纪70年代面临衰退的市场,固特异公司却作出了与古德里奇截然相反的选择。当其他竞争对手纷纷采取紧缩、收获战略的时候,固特异却进行了大量投资兴建新厂房、购进新设备。到20世纪70年代末,投资已达20亿美元;而在20世纪80年代每年追加投资4亿多美元。固特异这样做的目的不是扩大生产规模,而是使自己成为全美最低成本的优质子午线轮胎制造商。之后,固特异轮胎凭借成本优势不断降价,给弱小的竞争者带来很大压力以至于不得不放弃自己的市场份额。被竞争者放弃的市场当然被固特异占为己有。如今,固特异公司已经成为轮胎行业中最大、最赚钱的企业。

(资料来源:托马斯·内格尔,等.定价策略与技巧[M].应斌,等,译.北京:清华大学出版社,2008.)

固特异的经验告诉我们,即使是产品生命周期最差的阶段,仍然可以通过恰当的战略选择来优化企业的竞争地位。但选择不是随意的,而是取决于企业的远见、实施战略的时机以及成功执行的能力。另外,在衰退期,企业的行动一定要果断,越早面对现实,就越能主动地作出正确的战略选择。

最后,让我们来看看朗科优盘是如何在产品生命周期的不同阶段对产品进行定价的。

【案例 8.5】

朗科优盘的生命周期定价策略

深圳市朗科科技有限公司是闪存盘的首创者、发明专利特有者,其推出的以优盘为商标的闪存盘是基于 USB 接口,采用闪存介质的新一代储存产品。其实,闪存盘的技术含量并不高,主要是由用于储存数据的 Flash 芯片和用于驱动 USB 接口的端口控制芯片两部分整合而成。从成本结构看,Flash 芯片约占成本的60%,端口控制芯片和其他电路元件(接插件、控制电路等)约占成本的30%,余下的部分则是产品的驱动软件、外观、工艺等。下表是朗科 16 M、32 M 和 64 M 产品在2001—2003 年的价格表。

时间	16 M 价格(元)	32 M 价格(元)	64 M 价格(元)
2001.03	599	999	1 799
2001.06	350	600	1 100
2001.10	229	349	600
2002.02	189	259	400
2002.12	99	199	300
2003.05		165	265

从上表可以明显看出,朗科在产品导入期采用了撇脂定价法,将价格定得高于大多数潜在顾客的产品经济价值,以便从份额虽小但价值敏感性低的消费者细分

中获得利润,这样朗科可以迅速收回研发费用,同时为后来的降价预留空间。朗科采用撇脂定价有两个相关支持点:

一是渠道"小鱼战略"。在优盘刚刚推出时,由于当时朗科没有什么名气,优盘又是个前途未卜的新产品,很难获得大代理商的青睐。于是朗科采取"小鱼战略",找一些同样处于创业期、一两个人的小代理商合作。为了尽可能地普及产品、教育消费者,对代理商的发货量没有限制,即使有些用户想先拿一两个样品试用,朗科也会不计成本以航空快件寄出。就这样,在短短3个月内,朗科在全国发展了40多家这样的"小鱼"。由于充分调动了代理商的积极性,到2000年底,优盘终于被消费者所接受。

二是实行捆绑销售。2001上半年,朗科与国内著名PC厂商联想进行合作,将朗科优盘与其商用机进行捆绑销售。这是继朗科优盘在2000年被IBM列为其无线应用解决方案移动办公存储设备唯一推荐产品之后的又一次联手行动。此次优盘与联想商用机捆绑,一方面能更好地满足商务人士对移动存储器高容量、稳定性、可靠性以及兼容性的要求,为其提供最佳的存储方式;另一方面,朗科借助联想电脑遍及全球的渠道体系,大大提高了优盘产品的推广速度。

朗科在初期所采取的撇脂定价给优盘产品赢得了很大的利润空间,于是引起众多厂商蜂拥而入,企图分食这一利润丰厚的蛋糕。众多厂商的进入导致价格下降,朗科要想维持或者提高现有的利润水平,必须提高销量。2001年,闪存盘市场主要是朗科和鲁文之间的竞争,虽然朗科在竞争中处于优势,但优势并不明显。2001年7月,鲁文将它的闪存盘以暑假促销的形式作了少量的调整,并印刷了大量的宣传单,准备开展一轮宣传攻势。8月1日,朗科跟进,正式发布暑期大幅降价、开展全国巡展活动,将优盘价格大幅降低40%,16 M的优盘降到了229元,32 M的优盘降到了349元,64 M的优盘也降至600元。2002年,当32 M产品到了成熟期的时候,朗科采取了3项措施:一是降价;二是加大市场推广力度;三是加强品牌建设。2002年2月26日,朗科全线调整了其优盘的市场零售价,其中32 M无驱动型优盘从之前的349元降到259元,16 M启动型优盘更是以169元震撼价跌破200元,降幅接近40%。同时,其他型号产品也均有不同程度的降幅,给市场带来了很大的震动。而此时,整个国内的优盘市场,竞争越来越接近白热化的程度,众多品牌不断加入到降价大军的行列:亚迅宣布将旗下的两款主流产品的价格分别下调28%和27%,其中较高端的一款具有铝镁合金外壳的32 M优盘率先突破了消费者的"心理极限",零售价仅为199元,而另外一款具有橡胶外壳的产品价格也降到了189元;而华旗资讯凭借巨大的市场宣传费用迅速提高了产品知名度。进入2003年5月,经过多次调价,此时32 M无驱动型优盘的价格基本已接近于成本,而市场的主流产品开始被64 M和128 M所代替。于是,朗科在2003年5月将当时出货量最大的 64 M 盘降到了 265 元,基本与成本持平。

(资料来源:http://202.116.83.77//Hope/azhu//work/index_case.htm. 有删改。)

【复习思考题】

1. 请从供给和需求两个角度谈谈产品生命周期 4 个阶段的主要特点。

2. 导入期产品定价策略的根本任务是什么?

3. 撇脂定价是否就是实行绝对的高价格? 渗透定价是否就是实行非常便宜的绝对低价格? 为什么?

4. 导入期产品的定价策略还应该辅以哪些促销技巧?

5. 成长期基于产品差异化的定价就是采取高价吗? 为什么?

6. 为什么成长期产品的最佳价格一般都应低于导入期的产品价格?

7. 请结合实际,谈谈成熟期企业应如何加强成本控制、提高利用效率?

8. 请比较收缩战略与收获战略的异同。

9. 在衰退期采用巩固战略的企业应如何通过产品定价挤垮对手、巩固自己的地位?

10. 你认为产品生命周期的哪个阶段最容易发生价格战? 说说你的理由。

【实践练习题】

撇脂定价的使用艺术:iPod 和索尼 MP3 的成败对比

苹果公司的 iPod 产品是最近 4 年来最成功的消费类数码产品,一经推出就获得成功。第一款 iPod 零售价高达 399 美元,即使对于美国人来说,也是属于高价位产品,但是有很多“苹果迷”既有钱也愿意花钱,所以还是纷纷购买。苹果的撇脂定价取得了成功。但是苹果认为还可以“撇到更多的脂”,于是不到半年又推出了一款容量更大的 iPod,当然价格也更高,定价 499 美元,仍然卖得很好。而与此形成鲜明对比的是,索尼公司的 MP3 也采用撇脂定价法,但是却没有获得成功。

索尼失败的第一个原因是产品的品质和上市速度。索尼最近几年在推出新产品时步履蹒跚,当 iPod mini 在市场上热卖两年之后,索尼才推出了针对这款产品的 A1000,可是此时苹果公司却已经停止生产 iPod mini,推出了一款新产品 iPod nano。苹果保持了产品的差别化优势,而索尼则总是在产品上落后一大步。此外,苹果推出的产品马上就可以在市场上买到,而索尼还只是预告,新产品正式上市还要再等两个月。速度的差距,使苹果在长时间内享受到了撇脂定价的厚利,而索尼的产品虽然定价同样高,但是由于销量太小而只"撇"到了非常少的"脂"。

索尼失败的第二个原因是外形。苹果 iPod 的外形已经成为工业设计的经典之作,而一向以"微型化"著称的索尼公司的 MP3,这次明显落于下风。单纯从产品的尺寸看,索尼的产品比苹果 nano 足足厚了两倍,外形的差距与产品市场份额的差距同样大。

索尼失败的第三个原因是产品数量。苹果公司每次只推出一款产品、几种规格,但每次都是精品,都非常畅销;而索尼每次都推出 3 款以上产品,给人的感觉好像是自认质量稍逊、要靠数量制胜。但是过多的新产品不仅增加了采购、生产渠道的成本,而且也使消费者困惑。

索尼失败的第四个原因是索尼公司整体产品表现不佳,索尼的品牌价值已经严重贬值。此时再使用撇脂定价,效果自然会大打折扣。

(资料来源:http://www.sina.com.cn.2005-11-21.有删改。)

(1)结合案例,分析成功实施撇脂定价必须具备的条件。

(2)实施撇脂定价存在什么风险?

(3)你认为在如今的市场条件下,撇脂定价的适用范围是越来越宽还是越来越窄? 说说你的理由。

第**9**章

价格调整策略

在如今的市场条件下,产品价格正日益变得柔性,企业可能会随着自己营销目标的变化、消费者需求的变化、市场竞争格局的变化等内外部因素调整产品价格。本章从主动调价与被动调价两个角度,讨论企业相关的价格确定策略。特别需要指出的是,本章所指的主动调价是指企业基于自身营销目标、成本变化、目标顾客需求等因素的考虑主动对价格加以调整,而被动调价则是指企业基于竞争因素的考虑在竞争对手首先发起价格调整策略之后采取的一种被动应对行为。

9.1 主动调价策略

在企业主动对自己的价格进行调整时,需要考虑以下两个基本问题:

第一,如果涨价,涨多少才能既不招致消费者反感,又能在保证一定销量的前提下维持涨价前的利润水平?

第二,如果降价,降多少才能引起顾客注意并有效增加销量以不减少调价前的利润水平?

这两个问题,我们必须在对消费者心理、产品成本、利润贡献等方面进行深入分析与透彻理解的基础上,才能找到正确的解决之道。

9.1.1 价格感觉阈限

请设身处地地考虑下面两种情况:

①假设你想买一个记事本,你来到楼下的小商店看见中意的一款价格为15元,当你正准备购买时,旁边有人告诉你附近另外一家大型超市同样款式的售价是10元,请问你是否会改到大超市购买?

②假设你想买一个电子词典,你来到离家最近的超市看见中意的一款价格为315元,当你正准备购买时,旁边有人告诉你附近的专卖店同样款式的售价是310

元,请问你是否会改到专卖店购买?

　　相信绝大部分人在第一种情况下会毫不犹豫地改变购买地点,而第二种情况则会不予理睬。为什么两种情形实际上都是节省5元,但顾客在一般情况下却会作出大相径庭的选择? 消费心理学的相关理论认为,消费者的每一种感觉都有两种感觉阈限:刚刚能够引起感觉的最小刺激量称为绝对感觉阈限,而刚刚能够引起两个同类性质刺激物的最小差异量称为差别感觉阈限。也就是说,只有那些达到绝对感觉阈限的刺激量才会引起感觉;而在刺激量引起感觉后,并不是所有刺激量的变化都一定会引起感觉上的变化,此时起决定作用的是差别感觉阈限。譬如,1 000 g的质量,增加1 g,一般人都不会觉得质量发生了任何变化;当增加20 g,30 g时,可能才会有比刚才重的感觉。消费者在购买决策过程中,对价格刺激强度的感受也是如此。例如,某国产品牌汽车,促销时价格下降1%,顾客很可能不以为意;而当价格下降10%,相信很多顾客会在第一时间注意并心动。根据消费心理学中著名的 Weber-Fechner 定理,差别感觉阈限与原刺激量的比值是一个常数,即:

$$K = \Delta I / I \tag{9.1}$$

　　其中,I 为原刺激量;ΔI 为刺激量的变化,即差别感觉阈限;K 为常数。

　　因为差别感觉阈限与原刺激量之比近似为一常数,也就是说两者之间存在这样的关系:原刺激量越大、差别阈限值越高;原刺激量越小,差别阈限值也越小。这也是为什么汽车价格降幅一两千元,消费者没有感觉,而食盐价格下降一两毛钱都会引起顾客强烈关注的道理。

　　综上所述,消费者对价格变动的感受存在如下规律:

　　第一,消费者对价格变动的感受与基础价格水平有关,即取决于价格变化的相对值而非绝对值。

　　第二,在产品基础价格的上下各有一个相对变化的界限(差别感觉阈限),在界限之外的价格调整容易被消费者注意,而在界限之内的价格调整往往被忽略。

　　消费者的价格变动感受规律对指导企业产品调价具有重要意义。一般来说,当企业决定降价时,应一次性使降价幅度达到临界水平,以有效引起消费者的注意并促使其购买;而当企业决定涨价时,应逐次、小幅涨价,使消费者逐渐适应新的价格水平,降低其对价格变动的敏感程度。

【案例9.1】

肯德基的涨价策略

　　2011年10月,肯德基餐厅部分产品上调售价,这是肯德基继9月部分产品调价后再次提价。据悉,本次调价的产品涉及鸡肉配餐类产品和饮料,不同地段餐厅的同一产品价格涨幅不尽相同,如黑椒嫩牛饭从 19 元涨到 21 元、新奥尔良烤鸡腿饭由 17 元涨到 19 元、墨西哥/老北京鸡肉卷从 12 元涨到 13 元……肯德基在发给各媒体的调价说明中声称,肯德基已于 2011 年初在中国启用细分定价策略,在不同城市、不同商圈,综合考虑每家餐厅的租金、营业状况等因素,依据各餐厅实际情况实行差别定价;在一些特殊商圈的肯德基餐厅,产品价格会略高,而一些社区等地段的肯德基餐厅,则会提供更加亲民的价格,消费者可根据自身情况和需求,选择不同餐厅用餐。声明还称,2011 年肯德基遭受了严峻的成本持续上涨考验,2 月以来鸡肉原料成本上涨了近 15%。因此,肯德基经过审慎评估和综合考虑后,决定酌情调整产品价格。本次调价分两个阶段:首先是在 9 月底进行的以汉堡为主的产品调价,10 月则是第二阶段的调价,产品主要集中为鸡肉配餐类产品和饮料。该声明同时还提到,肯德基也希望让消费者继续享受到实惠,如大部分套餐优惠幅度达到 3 元,早餐、中餐、下午茶时段仍将继续提供超值优惠等。对此番肯德基的涨价行为,一部分经常光顾肯德基的常客表示:每次 5 角、1 元地涨,一个月累加下来,多支出的费用还是有算头。而绝大部分消费者反应平静。

(资料来源:根据相关媒体报道整理。)

从以上案例可以看到,肯德基实行的两阶段涨价法,很好地运用了顾客对价格变动的感受规律。不仅如此,还充分考虑到在一般情况下顾客对涨价的反感,利用各种沟通渠道并使用一定的技巧,如声明受成本上涨推动、保留套餐优惠等,从而比较成功地赢得了顾客对涨价行为的理解。

【案例 9.2】

淘宝涨价之殇

2011 年 10 月 10 日,淘宝商城总裁逍遥子就商城管理体系升级在淘宝论坛发布了一篇致商家的沟通信,宣布将正式升级商家管理系统,调整的措施包括:原有商家需缴纳的每年 6 000 元技术服务年费,提高至 3 万元和 6 万元两个档次;对假货、水货采取"零容忍",如果商家一旦出售假货、水货,将被立即封店,并且扣除全部违约责任保证金,同时消费者将获得"假一赔五"的赔偿;而对商家描述不符、延迟发货、违背承诺等情形,商家除全额退赔货款外,还要额外赔付消费者一定百分比的货款赔付金额。由于此次商家管理系统升级,特别是技术服务年费的大幅上涨使很多中小卖家难以接受,导致很多中小卖家可能面临退出商城的无奈选择。在沟通信发布的第二天,近 5 万多中小卖家及网友结成"反淘宝联盟",有组织性地、大规模地,对韩都衣舍、欧莎、七格格、优衣库等淘宝商城大卖家,实施"拍商品、给差评、拒付款"的恶意操作行为。截至 10 月 11 日凌晨,欧莎退款总次数已达

19 402次,韩都衣舍13 985次,七格格6 769次,导致上述三家店铺多数商品被迫下架。此后,"反淘宝"活动越演越烈。与此同时,腾讯、当当、京东等在发出公告声称平台收费保持不变的同时以更优惠的条件招揽淘宝卖家。10 月 17 日,阿里巴巴董事局主席马云连夜从美国飞回,在紧急召开的媒体沟通会上强调:淘宝商城打击假货的原则绝不会退让半步,但淘宝商城新规实施时间将延后,且明年对商户收取的保证金也暂时只收一半,并对淘宝商城在此次事件中不当的处理方式表达了歉意。

(资料来源:根据相关媒体报道整理。)

同样是涨价,为什么"淘宝"引起这么大的社会反响? 可以这样说,"淘宝事件"最直接的导火线是技术服务年费的大幅上涨:从 6 000 元涨到 3 万元,涨幅达到400%! 这样猛烈的涨价是中小卖家在短时间内难以承受的,当然会引起"公愤"。因此,淘宝酝酿已久的涨价行为以"只收一半"的妥协而告终。

在定价实践中,可以采用最小变化法测定消费者的价格差别感觉阈限。最小变化法又称为极限法、系列探索法,其基本原理是:首先给测试者一个标准价格刺激,然后将比较价格刺激按强度递增或递减的方法呈现,各序列的刺激以小幅阶段变化,让消费者通过判断比较价格刺激与标准价格刺激相比是"大些""小些"还是"差不多",最后得到测试者的价格差别感觉阈限。如果有 N 个测试者,则运用一定的统计方法,如通过计算所有测试者价格差别感觉阈限的平均值和标准差等,以此确定阈限值。

9.1.2　主动调价的损益平衡分析

损益平衡分析的基本思想是:首先,决策者确定一个基准,如可以选用预期或当前(在当前的价格水平下)的利润水平作为这个基准,然后将价格调整后的利润水平与之相比较,如果基准利润水平得到了某种程度的改善,那么这样的价格调整策略通常认为是有效的。

1) 单个产品的损益平衡分析

某饮料企业目前某种饮料产品的价格 $P = 10$ 元,月销售量 $q = 4\ 000$,成本 $C = 15\ 000 + 5.5q$。现企业考虑降价5%,他们相信这样可使其产品更具竞争力且管理层认为降价不会引起固定成本的变化。那么,为了从降价中获得更多的利润,销售量应至少增加多少?

如图 9.1 所示,调价前该企业的月销售收入为 4 万元(表现为矩形 A,B,C 的面积之和),总可变成本为2.2万元(表现为矩形 A 的面积),于是调价前的边际收益总额为 1.8 万元(表现为矩形 B,C 的面积之和)。因此,如果降价是一种优化策略,那么降价后的总边际收益应当大于1.8 万元。那么,降价后将会对边际收益带

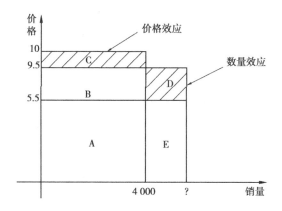

图9.1　损益平衡分析示意图

来什么样的影响呢?

　　显然,降价5%意味着产品价格从10元减为9.5元,这对利润来说是一把双刃剑。一方面,价格下降使得单位产品的利润贡献下降,从而导致边际收益总额的减少(表现为矩形C的面积)。这种由于价格变化所引起的利润变化,我们称之为价格效应。另一方面,尽管降价使单位产品的利润贡献降低,但降价将使得销量增加,从而使边际收益总额增加(表现为矩形D的面积)。这种由于销量变化所引起的利润变化,我们称之为数量效应。此时,只要数量效应(矩形D的面积)大于价格效应(矩形C的面积),即由于销量的增加引起的边际收益总额提高的幅度大于由于价格降低引起的边际收益总额减少的幅度,那么降价就是一种优化决策。同样原理的分析,适用于提价的情况:提价时,只要数量效应小于价格效应,即由于销量的减少引起的边际收益总额降低的幅度小于价格提高引起的边际收益总额提高的幅度,那么提价就是一种优化决策。损益平衡分析就是找到那个使价格效应等于数量效应的最小(降价)或最大(涨价)销量的变化,价格管理者只要利用一些市场研究方法和工具或者根据营销经验去判断能否达到这个临界点即可对价格变动策略作出决策。

　　设这个最小销量的变化为 Δq ,显然,数量效应即矩形D的面积为:

$$\Delta \prod_q = (P + \Delta P - VC) \times \Delta q \qquad (9.2)$$

价格效应即矩形C的面积为:

$$\Delta \prod_p = \Delta P \times q \qquad (9.3)$$

为保持利润水平不变,数量效应应该等于价格效应,即 $\Delta \prod_q = \Delta \prod_p$,则:

$$(P + \Delta P - VC) \times \Delta q = \Delta P \times q$$

整理,得到损益平衡销量的变化率公式为:

$$\Delta q / q = - \Delta P / (P + \Delta P - VC)$$
$$= - \Delta P / (CM + \Delta P) \tag{9.4}$$

其中，$CM = P - VC$，即产品的边际利润贡献。

特别需要指出的是，式(9.4)中的 ΔP 是一个包含了符号的矢量，涨价时取"＋"，降价时取"－"。这样计算出的销量变化率也是一个带有符号的量，"＋"意味着销量增加，而"－"意味着销量减少。

根据式(9.4)，考虑饮料企业的案例：
$$\Delta q / q = - (-0.5) / (10 - 0.5 - 5.5)$$
$$= 0.5 / 4$$
$$= 0.125$$

即为了从降价中获得更多的利润，销量应至少增加 12.5%，即 500。也就是说，该饮料生产企业只有确保销量增加 500 以上，才能实施减价行为。

此外，根据式(9.4)，我们可以得到以下两个基本结论：

①对同样的价格变化，边际利润贡献越大的产品，损益平衡销量的变化率越小。因此，若降价，销量增加的目标将非常容易实现；而若提价，必须尽可能地维持销量。

②对同样的价格变化，边际利润贡献越小的产品，损益平衡销量的变化率越大。因此，若降价，企业需要大幅度地增加销量；而若提价，则更能承受销量损失。

如果我们能够分别对不同的价格变动水平进行损益平衡分析，然后将结果综合反映在一张坐标图中，就能得到这个产品的损益平衡线。仍然以饮料生产企业为例，利用式(9.4)，计算价格变动在[-20%，20%]范围内的损益平衡销量的变化，如表9.1 所示。根据表9.1，得到该饮料产品的损益平衡线，如图9.2 所示。

表9.1　不同价格变动水平下的损益平衡分析

价格变动(%)	价格(元)	损益平衡销量变化	销售量
-20	8	3 200	7 200
-15	8.5	2 000	6 000
-10	9	1 143	5 143
-5	9.5	500	4 500
0	10	0	4 000
5	10.5	-400	3 600
10	11	-727	3 273
15	11.5	-1 000	3 000
20	12	-1 230	2 770

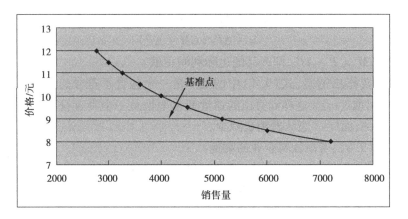

图 9.2 损益平衡线

显然,损益平衡线的右方区域是有利可图的价格策略带来的销量变化,而左方区域是无利可图的价格策略带来的销量变化。更进一步,我们还可以利用损益平衡线来讨论不同需求价格弹性产品的价格变动策略。

如果产品的需求价格弹性较大,提价会使利润水平降低,而降价则会使利润水平提高,如图 9.3(a)所示;如果产品的需求价格弹性较小,降价会损失利润,提价则会提高利润,如图 9.3(b)所示。从而也可说明,需求价格弹性较大的产品比较适合低价策略,需求价格弹性较小的产品则比较适合高价策略,这与有关经济学理论的基本观点是一致的。

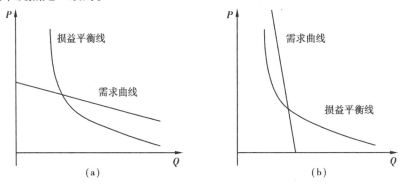

图 9.3 不同需求价格弹性下的价格变动策略

2)产品线的损益平衡分析

如今,绝大部分企业都并非只生产一种产品,这样就会导致在定价实践中某个产品的价格变化往往不是孤立的。只要企业生产、销售多种非独立的产品,某个产品的价格变动就可能会引发一系列的连锁反应。因为产品间的相互关系主要表现为替代和互补,所以我们可以从这两种关系入手,同样利用损益平衡的分析工具,讨论产品线的价格变动策略。

（1）替代品的损益平衡分析

某加油站为消费者提供两种汽油:普通汽油和优质汽油。显然,这两种产品互为替代品。假设现在两种汽油的价格和成本如表9.2所示。

表9.2 替代品的损益平衡分析实例

	价格(元/L)	单位可变成本(元/L)	边际利润贡献(元)
普通汽油	8	7	1
优质汽油	10	8	2

如果加油站计划将优质汽油的价格揭高5%,那么加油站的利润水平将会发生什么变化?

如果普通汽油与优质汽油是相互独立的,那么根据式(9.4),损益平衡销量的变化率为:

$$\Delta q/q = -0.5/(10+0.5-8)$$
$$= -0.5/2.5$$
$$= -20\%$$

即如果优质汽油的销量减少率不足20%,那么提价对加油站利润水平的改善是有利的。

但是,如果普通汽油与优质汽油存在某种程度的替代性,也就是说,在原来购买优质汽油的顾客中,有一部分会因为提价而改买普通汽油,那么每减少1 L优质汽油的销售并不意味着肯定损失2元的边际利润,部分损失可以由普通汽油销量的增长加以弥补。因此,必须对优质汽油的边际利润贡献加以调整。根据过去的销售经验,因优质汽油提价而不再购买优质汽油的客户中有50%会转而购买普通汽油,那么优质汽油销量减少而导致的边际利润贡献的损失应修正为:

$$2-0.5\times1=1.5$$

所以,优质汽油涨价5%后损益平衡销量的变化率为:

$$\Delta q/q = -0.5/(1.5+0.5)$$
$$= -0.5/2$$
$$= -25\%$$

即如果优质汽油的销量减少率不足25%,那么提价是有利可图的。

同样的道理,若加油站计划将优质汽油的价格降低5%,在普通汽油与优质汽油存在替代性的情况下,原来购买普通汽油的顾客完全有可能因为优质汽油的降价而购买优质油。所以,此时每增加1 L优质汽油的销售并不意味着肯定增加2

元的边际利润,还应该将普通汽油所带来的边际利润损失考虑进去。

可以证明,在存在替代品的情况下,某种产品价格变动导致的损益平衡销量的变化率公式应修正为:

$$\Delta q/q = -\Delta P/(CM1 - \rho CM2 + \Delta P) \qquad (9.5)$$

其中,$CM1$ 为本产品的边际利润贡献,$CM2$ 为替代品的边际利润贡献,$\rho \in (0,1]$,表示两种产品的替代程度。

显然,在产品线存在替代品的情况下,对同样的 Δp ,损益平衡销量的变化率比不存在替代品时要大。对产品线存在替代品的损益平衡分析还表明,企业可以通过引进现有产品的替代品并制定高价来达到促进目标产品销售的目的。

(2)互补品的损益平衡分析

某计算机商店销售个人电脑、打印机和杀毒软件程序包。若在该商店购买电脑的消费者,一般都会购买这种杀毒软件程序包,另外还有 50% 的消费者会购买打印机。显然,这三种产品属于互补产品,有关价格和成本信息如表 9.3 所示。

表 9.3 互补品的损益平衡分析实例

	价格(元)	单位可变成本(元)	边际利润贡献(元)
PC 机	5 000	3 500	1 500
打印机	450	200	250
软件程序	100	75	25

为了刺激需求,商店老板拟将个人电脑的价格下调 500 元,那么为了从降价中获取更多的利润,电脑的销量至少应增加多少?

如果这些产品是相互独立的,那么根据式(9.4),个人电脑损益平衡销量的变化率应为:

$$\Delta q/q = -(-500)/(5\ 000 - 500 - 3\ 500)$$
$$= 500/1\ 000$$
$$= 50\%$$

即个人电脑的销量必须增加 50% 以上,降价才能提高商店的利润水平。

但是,由于电脑与打印机、软件的互补性,电脑销量的增加会带动打印机和软件的销售。也就是说,每多销售一台电脑所带来的边际利润贡献远远大于 1 500 元,必须对其加以调整。根据已知条件,一台电脑的边际利润贡献应为:

$$1\ 500 + 25 + 0.5 \times 250 = 1\ 650(元)$$

于是,电脑降价 500 元所对应的损益平衡销量的变化率为:

$$\Delta q/q = -(-500)/(1\ 650 - 500)$$

$$= 500/1\ 150$$
$$= 43.5\%$$

同样的道理,如果老板对个人电脑提价,那么电脑销量每减少一台,损失的边际利润贡献将不仅仅是 1 500 元,同时还要将减少的软件销量和打印机销量所带来的边际利润损失考虑进去。

可以证明,在存在互补品的情况下,某种产品价格变动导致的损益平衡销量的变化率公式应修正为:

$$\Delta q/q = - \Delta P/(CM1 + \rho CM2 + \Delta P) \tag{9.6}$$

其中,$CM1$ 为本产品的边际利润贡献,$CM2$ 为互补品的边际利润贡献,$p \in (0,1]$,表示两种产品的互补程度。

显然,在产品线存在互补品的情况下,对同样的 ΔP,损益平衡销量的变化率比不存在互补品时要小。对产品线存在互补品的损益平衡分析还表明,企业可以通过给互补品中的某个产品制定较低甚至是亏损价格来达到吸引顾客、促进其他相关产品销售的目的。想一想我们在第 7 章学到的招徕定价,两者赢利逻辑如出一辙。

9.2 被动调价策略

在企业的定价实践中,有许多价格调整决策的主要依据不是来自于自己,而是竞争对手,因而企业间的定价具有高度的依存性。正因为如此,博弈论者将"定价"视为一种博弈游戏,认为定价成功与否不仅取决于企业自身的策略,还与竞争对手的回应策略息息相关。本节主要讨论当行业出现某企业以争夺市场份额为目的的降价行为时,其他企业的应对策略。

9.2.1 尽量避免价格战

在当今的时代,由于绝大部分产品市场均处于"买方市场",行业产能过剩、竞争激烈,如果行业内的某个现有企业基于提高市场份额的基本目的率先实行降价或有新企业为抢夺市场份额以明显的低价进入,而其他企业也以选择降低产品价格的策略作为回应,那么这个市场的所有企业便会陷入轮番降价的泥潭,于是,价格战便发生了。

【案例9.3】

我国啤酒行业的"价格战"

2003 年,贵州啤酒漫溢,一颗"金星"点燃了一场大火。金星啤酒以新产品的身份低价打入山城啤酒的大本营六盘水市,在贵州揭开了价格战的序幕。山城啤酒在降价反击的同时,又以成件地收购或调换金星啤酒来保护自己的市场份额,竞争日趋白热化,以致发生了斗殴事件。无独有偶,2005 年,青岛啤酒与深圳金威啤酒间的竞争也由最初的价格战演化成了持械打砸斗殴事件,深圳警方出动了近200 名警员,才避免了事态的进一步恶化。

(资料来源:根据有关媒体报道整理。)

以上案例表明,商业意义上的价格战演变为名副其实的战争是完全有可能的。事实上,价格战在国内和国外很多行业的发展过程中均出现过。那么,当某企业出于市场份额的目的实行降价时,其他企业也实行降价是否一定是最优的应对策略呢?答案是否定的。如果某行业只关注依靠低价来获取市场份额,那么这个行业将会面临灾难性的后果。曾经,市场份额被看做是通往长期获利的必经之道(但事实上,市场份额与利润水平之间并不存在明显的因果关系,甚至连显著的相关关系也谈不上)。因此,很多企业认为在必要时可以通过降价来放弃短期利润,待市场份额扩大、稳定后再收获利润。然而,当行业内所有的企业均执行这样的价格策略,或者当竞争对手执行这样的价格策略后均选择跟进,那么这种"你追我赶轮番降价"的行为不仅不能实现扩大市场份额的美好愿望,反而会摧毁整个行业的利润空间,使行业失去技术革新的必要资本,扼杀行业发展的活力与潜力。

【案例9.4】

美国航空业的"疯狂行为"

1987 年到1991 年间,美国航空业运营商间的竞争十分激烈。当时,"三大"航空公司——美国航空公司、达美航空公司和联合航空公司的市场占有率为17% ~ 19% ,而大陆航空公司、西北航空公司和全美航空公司等三家"中型"航空公司的市场占有率在9% 左右,美西航空公司、西南航空公司和环球航空公司等三家"小型"航空公司的市场占有率则各在4% 左右。由于整个航空业以低价作为主要的竞争手段,定价结构非常不合理,行业的利润水平极低。以1991 年为例,整个航空业运营商的损失总计达到18.7 亿美元。在这种情况下,有的运营商坐不住了,企图以自己的行为逐渐改变整个行业的定价准则和水平。1992 年4 月29 日,"三大航"之一的美国航空公司宣读了实行"价值定价"的重大战略宣言,声称其新的定价结构将"既能恢复顾客对美国航空业的信心,又能提高公司收入、让美国航空业恢复赢利能力"。然而,3天后,环球航空公司以低于美国航空公司10%～20%的价格摧毁了美国航空公司的价格结构;紧接着,全美航空公司、大陆航空公司和美西航空公司跟着降价;5月26日,西南航空公司宣布其"成人免费飞行计划"——夏季全家旅行,两人只收一人的票价。于是,各家竞争者一方面称其他公司的降价为"疯狂行为";另一方面却又紧随实施降价。1992年8月,尽管很多航空公司的载客率都破了纪录,然而利润却损失惨重。一篇题为《价格战是魔鬼,是航空业利润的祸根》的文章评论说:"对于旅行者来说,这是最好的时代;但对于航空公司来说,这是最黑暗的时代。"据统计,1992年3—6月间,"三大"航空公司的股票价格下跌了20%以上。1992年10月,美国航空公司宣布彻底放弃价值定价的策略,董事长罗伯特·克兰德尔在报纸上撰文写道:"我们试图在定价战略上有所领先,但却没能成功。我们不得不一再降价,直至最后被逼入死角。我们不是罪恶之源,而是牺牲品——是竞争对手的牺牲品,我们的竞争对手愚顽不化、木讷至极……我们的业务完全受制于竞争对手的行为,每家航空公司只考虑什么是对自己最好的,而不考虑什么是对行业最好的。"

(资料来源:罗伯特·多兰,赫尔曼·西蒙.定价圣经[M].董俊英,译.北京:中信出版社,2008.)

从这个案例我们可以看到,处于价格战中的企业犹如陷入"囚徒困境":当每个人都基于个体理性进行选择时,他们却正在失去基于集体理性的最佳选择。所幸,如今越来越多的企业已经意识到价格策略的重点应从市场份额转向整个行业的利润,价格不仅影响市场占有率,而且影响市场规模以及市场占有率每个百分点的价值。麦肯锡公司曾经在题为《商人的转变》一书中这样写道:"重要的不是市场份额,而是稀薄的利润空间……'市场盈余'将取代市场份额而成为衡量成功的尺度。各公司以及各公司从事营销的人员应该以更广泛的视角来看待整个行业……他们不应只思考自己的利润,还应思考整个行业的总体利润,以及他们在总体利润中的份额。"也就是说,行业的集体理性选择应该是尽力把整个行业的"利润蛋糕"做大,而这块"蛋糕"最终如何分配则取决于各企业的竞争优势。

【阅读材料9.1】

价格战是一种"负和"博弈

价格战就像一种竞赛,但它不像诸如体育比赛、学术竞争一类的竞赛。体育一类的竞赛是一种"正和"博弈——"正和"博弈的每一次过程都在创造价值。不仅胜利者总会发现参加这样的比赛是值得的,即使是失败者也往往能从中获得足够收益而不必后悔参加比赛,因为他可以经常寻找机会来挑战自己,以便积累经验和教训去赢得以后的比赛。因此,竞赛的时间越长、越激烈,参加者的收益也越大。遗憾的是,价格战却是一种"负和"博弈——此过程的所有参加者都要付出代价。诸如战争、决斗、诉讼等就属于"负和"博弈,它们是一场你死我活的竞赛,是一种不成功便成仁的竞赛。无论怎样,竞赛的结果总有一方会失败,失败者的结局就是"死",就是"成仁";而成功者却绝不会总是成功,其最终结果还会落得与以前失败者一样的下场。正所谓"天外有天,人外有人""三十年河东,三十年河西",没有谁可以最终从中获益。价格战越激烈,给市场造成的损失就越严重,从而最终导致这一市场里的每个企业都面临损失:要么破产、要么被兼并,只是时间早晚不同而已。所以,价格战是一种"负和"博弈。在这个博弈中最有价值的不是将才,而是外交家的手腕。将军的工作是赢得战争,而外交家的任务是使战争的频率和强度降到最低,是不带有偏见地评价竞争成本和收益的艺术,从而尽可能地避免和减少不必要的冲突。从长远的角度看,明智的做法不是在价格战中获胜,而是如何避免不必要的战斗。

(资料来源:托马斯·内格尔,等.定价策略与技巧[M].应斌,等,译.北京:清华大学出版社,2008;翟建华.价格理论与实务[M].大连:东北财经大学出版社,2002.)

综上所述,当企业在面对竞争对手的价格"挑衅"时,一定要牢记:赢得一场战役并非是最后的胜利,而战争也并非是解决问题的唯一方法。那么,企业在受到价格"袭击"时应该怎么做呢?

9.2.2 被动调价的基本策略:三思而后行

1)三思而后行的决策历程

当你的竞争对手以低价为手段向你叫板时,你必须保持冷静以便进行理性的思维和客观的分析。一个最优的应对策略必须建立在深思熟虑的基础之上,你应该考虑的问题包括:是否有一种比可避免的销售损失更合算的价格策略? 如果你作出降价反应,你的竞争对手会跟进吗? 反复应战的成本与可避免的销售损失相比,孰多孰少呢? 如果你的竞争对手赢得了市场,你在其他市场的地位是否也会受到威胁? 你的市场损失与应战所需的成本相比孰大孰小等。图9.4反映了一个成熟的应对策略所经历的思考过程。

①有一种比可避免的销售损失更合算的价格策略吗? 如果竞争对手的降价仅仅威胁到你预期销售的很小一部分,对威胁不作任何回应的销量损失可能会比采取价格报复所花费的成本要小得多。即使不得已采取价格报复,也应尽可能地降低回应成本,如将被动降价集中于受到威胁的那部分销量:某些可能"叛逃"的客户或者某个特定的区域、某个产品线等。比如,为应对富士在美国的零售价格促销,

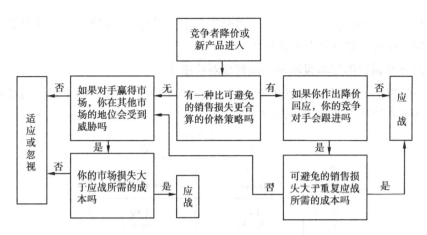

图9.4   三思而后行的被动调价决策历程

柯达曾经采取在日本也进行价格促销而在美国市场则不作任何回应的策略,因为富士在日本有更大的市场份额和利润,这样做导致富士的损失更大。此外必须强调的是,进行价格报复的最终目的不是保护受到威胁的市场,而是让竞争对手停止威胁你市场的降价行为。

②如果你作出降价回应,你的竞争对手会跟进吗? 如果你的竞争对手很有可能通过再次降价来赢得竞争,那么选择降价对你没有任何好处。比如,一家大制药公司在面对新进入者的低价行为时应如何反应? 因为新企业没有任何临床优势,只能靠提供价格优惠来争取消费者。所以,若大制药公司作出降价回应,新企业必然选择跟进,因为这样做对他们小到几乎为零的市场份额来说没有任何损失。

③可避免的销售损失大于重复应战所需的成本吗? 如果竞争对手有很大的可能性选择跟进,那么在确定为保护受威胁的市场而进行价格报复需要考虑的成本就不能只涉及一次行动而是价格战的全部。仍然以大制药公司为例,如果选择报复性降价以阻止新企业争夺市场,新企业会进一步降价,这个过程将持续到其中一方停止这种疯狂的行为为止。在这个向下的价格旋涡中,停止降价的一方多半是大制药公司,因为其在战争中的损失要比对手要大得多。如果大制药公司最终不得不让新进入者获得价格优势,那么让它在高价位而非低价位上得到这一优势要好得多。然后,大制药公司可以将市场竞争引向更具正和博弈性质的活动,如改进产品性能、加强价值传递与沟通等,反而可以让自己在竞争中笑到最后。

④如果竞争对手赢得市场,你在其他市场的地位会受到威胁吗? 也就是说,是否可能出现"城门失火,殃及池鱼"的现象? 1999 年,美国 AT&T 公司计划改变营销策略:利用长途电话服务建立一个包括长途电话、地方电话、电视、网络等的综合通信服务系统,以大幅提高利润水平。显然,这个新策略的关键是赢得客户长途电话的生意。于是,当其他二级电讯公司降低长途电话的费率时,AT&T 选择了应

战：将其家用长途电话的费率从 10 美分降到了 7 美分，即使这样的费率使得公司的家用长途电话业务基本无利可图。

2）被动调价的基本策略——如何应对价格战

总结以上分析，我们可以从价格回应成本与竞争对手强弱两个维度确定应对价格战的 4 种基本策略，如图 9.5 所示。

竞争对手

		弱	强
价格回应成本	高	忽视 (Ignore)	适应 (Accommodate)
	低	进攻 (Attack)	防御 (Defend)

图 9.5 应对价格战的基本策略

①忽视策略。当实施报复的成本很高，即使竞争对手很弱，也应该采取"忽视"的策略。也许有人会认为此时应采取一种更强势的回应，如"进攻"，因为他们认为即使价格报复所争取的销量不足以收回实施成本，但大公司由于能够比竞争对手承受更长时间的损失从而必将最终赢得这场价格消耗战的胜利。但问题的关键是如何理解以下两个问题：一是保住市场份额就是赢得了胜利吗？显然，利润而非市场份额才是衡量胜利的最终标准。二是消灭一个"弱"的对手就可以彻底消除竞争吗？事实上，当"弱"的对手破产后，其资产往往被新的对手以低价收购，这样新的对手就能在更低的成本基础上参与竞争；即使这种情况没有发生，在"大"公司对"小"企业进行封杀的过程中，其他更强大的对手完全可以抓住机会发展壮大，正所谓"蚌埠相争，渔翁得利"。

②适应策略。如果发动价格战的竞争对手很强，但价格报复的成本高于可避免损失的价值，那么企业就既不能忽视这种威胁，也不能积极应战，此时的最佳选择是主动进行战略调整以"适应"这种威胁。"适应"的含义是通过战略调整将威胁的不利影响最小化，从而使自己能够与对手和谐共处。休布雷公司在美国伏特加酒的市场上属于营销出色的公司，其生产的史密诺夫酒，市场占有率达23%。20世纪 60 年代，另一家公司推出一种新型伏特加酒，其质量不比史密诺夫酒低，而每瓶酒的价格却比它低 1 美元。按照市场惯例，休布雷公司面临 3 种选择：一是降价 1 美元，以保住市场占有率；二是维持原价，通过增加广告费用和推销支出来与对手竞争；三是完全忽视，维持原价任凭市场占有率发生变化。但是，该公司的市场营销人员经过深思熟虑后，采取了令对方意想不到的第四种策略：推出一种与竞争对手新伏特加酒价格一样的瑞色加酒和另一种价格更低的波波酒，同时将史密诺夫酒的价格再提高 1 美元。这样的战略调整，提高了史密诺夫酒的产品定位，同时

使竞争对手的新产品沦为一种普通的品牌而与前者明显不可同日而语。

③进攻策略。当竞争对手很弱小且进攻的成本与可避免的损失相比较小时，可以考虑采用进攻策略，即积极应战。这种情况很少出现，即使出现了也往往是因为"弱"的竞争对手判断失误而导致。美国曾经最大的百货连锁 A&P 在 20 世纪 70 年代就错误地发动降价以图重夺市场份额，它的主要竞争对手考虑到 A&P 具有巨大的客户购买力和品牌知名度而具有明显的成本优势，因此一开始采取了"适应"策略。然而当 A&P 开始报告巨额亏损时，竞争对手们才发现高额的劳动力成本使这家企业比他们想象的要脆弱得多。于是，竞争对手们采取了"进攻"策略，迫使 A&P 关掉一半商店，剩下的一半则被竞争者收购。

必须指出的是，在选择进攻战略时一定要注意控制实施成本，更多的时候可以考虑"局部进攻"，即只对特定产品市场或特定区域市场进行价格回应。而基于本节开始对价格战的基本观点，采用"全面进攻"策略一定要慎之又慎。

④防御策略。当挑衅者很强大或者与你的实力不相上下、你受到威胁的市场份额可能较大时，通常可以采用防御策略。"防御"的主要目的不是将竞争对手赶出市场，而是让其认识到强势定价不会带来任何好处从而知难而退。实施防御策略常用的技巧包括：

一是不战而屈人之兵。即向竞争对手传递"可置信"的承诺信号，使价格战胎死腹中。20 世纪 90 年代初，美国汽车市场上的微型汽车深受大众喜爱且利润较高，于是很多汽车生产商都计划以产品和价格为中心的营销策略向这一市场发起攻势，使市场占有率最大的克莱斯勒面临较大的压力。在一次商界的演讲中，克莱斯勒的董事长宣布："我公司计划生产一种价格低廉的微型汽车，计划书已经放在抽屉中，但在必要时才会拿出来。"他还补充说："如果微型汽车市场发生价格战，胜利必将属于克莱斯勒！"克莱斯勒正是通过这样的方式向竞争对手发出了一个强有力的信号：不要妄想通过低价格来扰乱市场，我们已作好充分准备迎接任何挑战并最终击败对手。

二是借力用力，借刀杀人。即借用第三方利益相关者，如原材料供应商、渠道商、消费者，或能对行业竞争产生直接和间接影响的组织，如行业协会、工会、消协、政府部门等的力量，共同抵制价格战。比如，当你的竞争对手为争取新用户而给予他们特别的价格优惠时，你只需给他的几个大客户打电话，告诉产品降价的消息，相信你的竞争对手会很快恢复原价。

三是避实就虚，采用非价格竞争手段。如 1997 年金融危机时，东南亚经济不景气，豪华酒店为了吸引顾客入住只好纷纷加入价格战的行列。但是马来西亚的 Ritz-Carlton 酒店却另辟蹊径。酒店的总经理用音乐、鲜花和优惠券在飞机场迎接旅客；经理还将他自己的电话号码登在报纸上以便人们可以直接向他定房；每位入住的客人都可以享受24小时的"技术管家"服务,包括修手提电脑和其他电器;入住超过5个晚上的客人将得到精美礼物。当其他酒店提供的服务质量随着价格的降低而下降时,该酒店却在维持高档形象的基础上成功地保住了自己的市场。因此,就赢得市场份额而言,采用产品差异化、增加顾客转换成本、提醒顾客劣质的风险等非价格竞争手段在很多时候比单纯的低价格有效。

以上分析揭示了这样一个基本准则:在价格战中,你的最优策略取决于竞争对手的策略。因此,了解你所处的行业特点及竞争对手,对分析竞争态势、预测竞争对手可能的价格反应直至最后作出你的决定有着至关重要的作用。

【阅读材料9.2】

了解你的行业及竞争对手

一、来自于供应方面的因素

1.成本结构。一般来说,固定成本很高而可变成本很低的行业,由于面临较大的投资回收压力,任何增量顾客所带来的增量收益都是值得的,因而处于其中的企业有强大的动力发起、应对价格战。

2.行业生产能力过剩情况。一个行业的生产能力闲置得越多,越容易出现价格战。

3.产品的耐储存性。如果产品的耐储存性很差(这里的耐储存性既包括腐烂、变质等价值损毁,也包括产品升级换代所带来的价值贬低),就会面临较大的降价压力。

4.产品的差异化程度。产品的差异化程度越小,产品的可替代性就越大,价格竞争很容易成为唯一的竞争手段。

5.行业竞争结构。一般来讲,行业竞争者的数量较多且实力相当,当竞争处于白热化的阶段时,价格战很可能一触即发。

6.销量对成本的影响。在具有明显规模效应或经验曲线效应的行业,价格竞争将加剧。

7.行业退出障碍。如果行业退出障碍较高,导致企业向下调整供应能力的难度加大,这也就增加了发生价格战的可能性。

8.市场对参与者的重要程度。市场对企业越重要,企业便越会竭尽所能地维护。

9.企业间的团结程度。有时,企业间试图通过价格联盟来防范价格战,但如果联盟缺乏可置信的惩罚机制,那么联盟中的每一个企业都有动力率先违反承诺来获取市场份额。

二、来自需求方面的因素

1. 顾客的价格敏感程度。如果顾客的购买决策在很大程度上依赖于价格,企业则有足够的理由在价格上做文章。

2. 顾客的价格信息地位。顾客在价格信息中的优势地位越明显,比如能非常容易、非常迅速地了解所有产品的价格信息,企业就越有可能对价格战作出回应。

3. 顾客忠诚度。显然,顾客忠诚度越低,转换供应商对他们来说易如反掌、司空见惯,那么企业就只能靠价格来维系市场。

4. 需求增长率。如果一个行业的需求增长速度远低于供应增长速度,这将必然导致市场份额的争夺加剧。

5. 顾客集中度。高度集中的顾客可以通过采取大批量集合购买的采购来提高其议价能力,通过降价使单个顾客能够以相等的支付额买到更多的产品。

6. 顾客购买行为的后续收益。如果产品的购买具有较强的后续收益效应,那么价格竞争很有可能加剧。

对以上 15 个因素的分析,可以很好地显示竞争对手对价格行为作出反应的可能性及其性质和程度。

(资料来源:罗伯特·多兰,赫尔曼·西蒙.定价圣经[M].董俊英,译.北京:中信出版社,2008.有删改。)

综上所述,在价格战这样的负和游戏中生存的关键是:第一,选择那些能够赢的比赛,且收益要超过成本,不要面对所有冲突;第二,不要轻易发起价格战,必须考虑竞争者的长期反应;第三,不要轻易对竞争者的降价作出回应,除非实施价格策略和非价格策略的成本小于适应策略的成本。

9.3 价格调整策略的沟通

当企业决定对自己产品的价格进行调整时,对客户及企业内部人员特别是营销人员进行全面、详细的沟通是非常必要的。对客户来说,他们需要了解价格变化的原因以及确信这种变化被公平地应用于所有客户中;而对企业内部人员来说,新的价格体系与策略必须得到他们的认知和接纳,这样有利于他们早日思考如何在新的价格点上进行销售。

9.3.1 对销售人员进行价格调整沟通

新价格对销售人员的影响往往体现为销售方式和销售策略的转变以及由此可能带来的收入的变化,如果这种变化是不利的,那么新价格体系的实施肯定会遭遇来自于他们的重重阻力。对销售人员来说,最不想看到的是产品涨价,因为这会让他们觉得产品不好卖了,同时也意味着需要花更多的精力去面对客户,特别是老客户的质询。对销售人员进行的有关价格调整的沟通,应该关注以下 3 个方面的问题:

一是确保每位销售人员都能正确理解价格变动的原因。除了让他们明白企业所处的困境外,更重要的是让他们确信新的定价有助于改善目前的不利局面,使其有足够的底气去和客户进行有效的价格沟通与磋商。在实践中,定价决策者很容易忽视这个问题,只是一味地对销售人员强调执行。然而很多经验证明:是否得到一线销售人员的理解和认同是新价格成功实施的关键。

二是消除阻碍销售人员营销行为变化的所有因素。在新的价格体系下,销售人员可能需要转变销售方式和策略,如从关注销售额到关注利润、强调产品价格优势到强调产品价值优势等。促使销售人员进行行为转变的直接动力来自于收入,如果企业能够改变销售人员的业绩考核体系,制定能够体现与新的定价目标相一致的管理办法,那么就能使得销售人员的营销行为向定价决策者希望的方向转变。

三是加强对销售人员的培训。组织专门的培训向销售人员介绍有效的销售工具和技巧,诸如消费者的效用心理、参考价格、对公平的感知等,并通过角色扮演和实战演练来提高与客户进行价格沟通和谈判的能力。

9.3.2　对客户进行价格调整沟通

当产品降价时,顾客一般会产生这些反应:产品过时了,新型升级产品即将出现;产品质量可能有问题,卖不出去了;企业资金周转出现了困难;价格还会进一步下跌,再等等看。而当产品涨价时,顾客一般会认为:企业想多赚钱了;产品太畅销了;产品质量很好等。显然,不同的反应会导致不同的购买行为变化。因此,对客户就价格调整进行的沟通与对销售人员进行的沟通一样,首要任务是让他们明白调价的原因并争取他们的理解,使其产生正确的、企业愿意看到的价格变动反应及其相对应的消费行为变化。对客户就价格调整进行沟通的第二个重要任务是让他们相信新价格是公平的,促使对新价格"公平"的认可是降低顾客价格敏感度的最好途径。以下方法有助于增强客户对价格变动公平的认知:

一是尽量真实、详细地传达有关价格变动的信息。可以利用电子邮件或媒体通告等形式,解释价格调整的原因;而对由于成本增加引起的涨价,最好能利用数据说话,将提价方案与成本增加的幅度进行对比以增加顾客对涨价公平的理解。

【案例9.5】

养生堂的提价公告

2004年11月下旬,浙江发行量最大的报纸《钱江晚报》刊登了养生堂的大字公告——"养生堂龟鳖丸提价公告:养生堂自1993年生产龟鳖丸以来,一直对消费者忠诚负责,确保使用100%野生龟鳖作为原料。现由于资源日益紧缺以及国家对养生堂使用和引进的龟鳖严格限定,野生龟鳖价格日益上涨,企业难以继续以现有价格供应消费者。因此,公司董事会决定,自12月1日起,龟鳖丸在原有的价格上提价8%,以解决资源稀缺和成本增加的需要。"养生堂的这一则大胆、高调的提价公告,算是开了国内企业价格变动策略宣传的先河。一时间,有人担心,也有人幸灾乐祸。但事实证明,先前的担心完全是多余的,顾客非常平静地接受了养生堂的提价方案。

(资料来源:根据有关报道整理。)

养生堂的客户之所以平静地对待涨价,是因为他们从提价公告中读到了这样的信息:养生堂使用了100%的野生龟鳖作原料,野生龟鳖日益稀缺是大家有目共睹的事实,提价是理所当然的。此后的连续几年,养生堂均利用这种方式向顾客传递涨价信息,同时将销售面从全国收缩到长三角一带。这些都使它的老顾客相信:养生堂使用的是100%的野生龟鳖,涨价是合理的。

二是向顾客提供以不同方式应对新价格的选择权。比如,对大客户提供通过增加购买量而获得更低价格折扣的机会,将核心产品与其他附加产品分开销售以提供更多的替代选择等。这样,能够使顾客认为价格调整不是强加给他们的而是他们选择的,因而是公平的。

【复习思考题】

1. 企业在调整产品价格时,应该考虑哪些因素?

2. 消费者对价格变动的感受存在什么规律? 这些规律对企业调价的意义何在?

3. 请阐述价格变动损益平衡分析的基本思想。

4. 有人觉得价格战对消费者是有利的,你是否赞同这一观点? 说说你的理由。

5. 你认为价格战的导火线是什么? 具备什么特点的行业最容易发生价格战?

6. "当每个人都基于个体理性进行选择时,他们却正在失去基于集体理性的最佳选择",请结合价格战谈谈对这句话的理解。

7. 在是否考虑采用价格作为主要的竞争手段时,管理者应该思考哪些问题?

8. 有人认为在价格战中,如果竞争对手很弱,就应该选择"进攻"策略,你的意见如何?

9. 请结合实际谈谈"防御"策略的实施技巧。

10. 在因价格调整所作的沟通中,对销售人员、对客户的沟通重点分别是什么?

【实践练习题】

1. 请看下面两个案例:

国内航空公司价格联盟崩溃在即

国内各航空公司从 3 月 28 日开始的"价格联盟"刚刚推行了不到两周,就已濒临瓦解。记者 4 月 7 日独家获悉,东航武汉公司刚刚推出了经武汉中转的特别票价,从北京前往深圳,票价为 500 元。目前,这类特价票在东航武汉公司的各直属售票处、各机票销售代理商处都有销售。此前,从 3 月 28 日开始,国内各航空公司在从北京出发的 7 条热点航线上达成"价格联盟",规定只有提前 4 天预订机票才可以享受 8 折左右的优惠,在出发的 4 天内订票,几乎不打折。

(资料来源:新华网,2007-04-08。)

国产彩电价格联盟名存实亡

2006 年 9 月 25 日,由于苏宁率先把多款 32 英寸液晶彩电降到 4 999 元,使得上周刚成立的国产彩电价格联盟名存实亡。上周创维、康佳、海信、长虹、TCL、新科等多家国产彩电企业达成共识,无论家电连锁企业如何强硬,"十一"期间绝对不参与亏本销售的价格战,宁愿断货也不能让 32 英寸和 37 英寸液晶电视出现低于 4 999 元和 7 999 元的价格。但昨天苏宁电器在上海宣布,目前已经有数款 32 英寸和 37 英寸的国产液晶突破这一价格防线,其中就有上述几家彩电企业的特供机型。

(资料来源:搜狐财经频道,2006-09-26.)

(1)价格联盟可以有效防止价格战吗?为什么?

(2)你觉得应该如何防止价格战?

2. 查找相关资料,分析某个行业的市场份额与利润率水平的关系。

3. 某出版社今年一季度出版了 3 种 MBA 参考教材,单价及成本如下:

	单位价格(元)	单位可变成本(元)	边际贡献
A	60	45	
B	50	38	
C	30	20	

(1)请将上表补充完整。

(2)现出版社考虑对教材 A 降价5 元,若教材 A,B,C 相互独立,则为了从降价中获取更多的利润,销售量增加率必须达到多少?

(3)若教材 A 与教材 B 可相互替代,通过市场调查发现教材 A 降价后,增加的购买者中有20%来自于计划购买教材 B 的消费者,则上述问题会如何?

(4)若资料 C 是教材 A 的配套习题,凡是买了教材 A 的消费者都会买资料 C,若出版社预计教材 A 降价后其销售量增加约20%,则教材 A 的降价会对出版社的毛利产生什么影响?

第 **10** 章

价格策略的实施与管理

当企业根据各种定价策略最终对自己产品的价格加以明确后,接下来的任务就是将这个价格及其相关的所有营销策略进行实施、监督、调整和控制。一个卓越的定价方案,如果没有得到有效的实施与管理,那么它对企业利润水平的改善将会大打折扣。

10.1 价格策略的实施

10.1.1 价格策略的实施

价格策略的实施可能是非常艰难的一步,因为卖方无法将价格强加给顾客。要成功地说服顾客接受价格,需要配合精明的谈判技巧、有效的宣传、高超的掌控能力等。而实施价格策略的具体措施应视情况而定,如新产品的价格、涨价、降价等不同情况下的实施要求和关注重点都不尽相同。

1) 新产品价格的实施

相对于消费者接受现有产品价格的变动而言,让他们接受新产品的价格是比较容易的,特别是在新产品无法和现有产品进行直接比较时尤其如此。如果新老产品之间可以进行直接对比,那么当新产品的价格明显高于老产品时,企业在实施过程中必须帮助顾客建立正确的新产品价值体系(有关这一点,我们在第 5 章中已有详细阐述);而当新产品的价格低于老产品时,实施的关键可能在于如何打消顾客对产品质量的怀疑以及如何激发经销商因利润的减少而降低的销售热情。一般而言,新产品价格的实施需要注意两个问题:

一是上市价格的表达。对企业来讲,确定上市价格的机会只有一次,而上市价格必定会成为影响消费者参考价格形成的重要因素,所以必须认真对待。有时,可以利用一些表达和实施技巧,让新产品价格更容易被顾客所接受。比如,与上市时将价格确定为 80 元、3 个月之后再涨到 100 元的做法(渗透定价常常采用)相比,先将价格确定为 100 元、上市后 3 个月之内享受 20% 的折扣然后再恢复原价的做法更能讨得顾客的欢心,尽管这两种做法的交易价格没有任何区别。

二是宣布价格的时机。很多企业认为,新产品价格应该在上市的最后一刻才向公众宣布,因为这样做可以避免给竞争者提供更多的信息。但是,这种做法一方面向竞争对手屏蔽了信息;另一方面也迟滞了企业了解消费者需求、测试顾客价格反应的步伐,如果定价失误,企业就不能及时对价格进行调整。因此,将价格信息保密到最后在很多时候不见得是一种最好的做法,企业应当根据实际情况对宣布价格的时机灵活加以选择。

2) 价格调整的实施

(1) 涨价的实施

涨价是最令企业头痛的价格调整行为,企业常常会面临两难的选择:如果不涨价,企业支撑不下去相当于等死;如果涨价,消费者不能接受相当于找死。因而成功实施涨价对企业而言是一个极大的挑战。产品涨价会招致顾客的反感,如果顾客是谈判能力较强、信息比较充分的大客户,企业将显得更为被动。此外,对提价产生反感情绪的还包括销售人员,对他们来说通知顾客涨价是非常麻烦的事,并且涨价也会令销售变得困难。此时,加强对顾客和销售人员的沟通显得尤为重要。在第 9 章中,我们阐述了对两者进行沟通的关注重点,除此以外,以下一些方法有助于涨价策略的成功实施:

①提早准备和宣布。在"斗胆"涨价之前,必须提前做好顾客的思想工作,一方面通过使他们拥有选择权以产生公平心理;另一方面让他们确信涨价迫不得已、势在必行。

②选择涨价时机。越有利于对涨价行为作出解释的时机就是越恰当的时机,比如在工资上涨之后、统计部门发布 CPI 指数之后、原材料价格上涨之后等。

③对产品加以改进。如果可能,涨价应该伴随产品的改进。如果核心产品在短期内加以改进十分困难,可以选择从形式产品、附加产品入手。因为即便是微小的改进,也可以在很大程度上转移消费者对涨价的注意力,减少涨价可能对市场销量带来的影响。

④分步骤进行。如果必须对价格进行大幅度提升,可以多次、小幅进行。

⑤减少包装容量,而不是提高名义价格。

【案例 10.1】

宝洁涨价策略的实施

　　2008 年 7 月 29 日,宝洁中国继 6 月对潘婷、佳洁士提价后,再次启动第二轮提价,涉及旗下护舒宝、帮宝适等系列产品,涨幅达 10% ~ 15% ,创下了近年来之最。宝洁中国区对外事务部经理张群翔表示,近期疯狂飙升的国际原油价格把从属石油衍生物的日化行业逼到离亏损悬崖仅一步之遥。此外,由于原材料纸浆、牛油、棕榈油和椰子油两年累计上涨了 150% ~ 160% ,所以近期不排除第三轮提价的可能。实际上,宝洁早就意识到涨价的风险,尤其是在联合利华等主要竞争对手对其市场虎视眈眈的情况下,涨价策略的实施一定要非常谨慎。因而,宝洁采取了针对不同产品的市场定位,圈出敏感产品,分批、多次逐步提价。在宝洁的产品体系中,原本利润空间有限的洗衣粉、洗衣皂最先受到原材料涨价的冲击,宝洁的提价也是从这里开始的。宝洁的一位销售主管说:"今年宝洁洗衣粉的价格已经上调过几次了,但都是采取减量不涨价的方式,如 520 g 包装降为 508 g,1.8 kg 包装降为1.7 g。因为消费者对这类产品的价格太敏感了,宝洁想用影响最小的方式来实现涨价。"对飘柔、海飞丝这两个面向大众的消费品牌,宝洁采用了同样的提价策略;而对价格敏感度较低的玉兰油护肤品,宝洁则拟通过包装升级的方式实现涨价。

(资料来源:根据有关媒体报道作者整理。)

　　从这个案例可以看到,2008 年金融危机后的宝洁涨价是多么"理直气壮":原材料价格疯涨,我们涨价是理所当然的,并且我们价格的涨幅远远不及原材料的价格涨幅,由此借机宣布不排除第三轮涨价的可能就显得顺理成章了。从而,宝洁选择涨价的时机是比较恰当的。不仅如此,为了增加消费者对涨价策略的可接受程度,宝洁产品分批、多次提价;对价格敏感度较高的产品采取了"减量不提价"的方式,而对价格敏感度较低的产品则采取改进产品形式的方式实现提价。这些方法和技巧的运用,使宝洁产品最大限度地分散了顾客对价格调整的注意力,保证了企业价格策略的顺利实施。

(2)降价的实施

　　相比涨价而言,顾客、销售人员对降价一般都是乐于接受的,因而降价策略实施的阻力主要来自于经销商和竞争对手。对经销商来说,一方面降价使得单位产品的毛利降低,如果销量增长的速度赶不上毛利下降的速度,那么他们的总体利润水平将会下降;另一方面,降价通常意味着经销商的库存贬值,因为此时他们可以按照更低的价格进货。所以,企业在实施降价策略时,可以采取诸如进行积极的促销活动、提供"存货保障"等手段激发经销商的销售热情。此外,竞争对手对企业降价策略的态度和可能采取的回应方式也是不可忽视的,这一点在第 9 章中我们已有详细阐述。

当然,在降价策略实施的过程中同样也可以采用一些辅助方法,比如通过增加单位包装的容量而不降低名义价格以减少各方对价格策略变动的敏感。

(3)价格调整的宣传

为了让价格调整获得企业想要的顾客行为变化,有效的宣传是必需的。一般而言,降价最好的宣传就是广泛传播降价信息,强调现在的产品比以前便宜而产品的价值不变;而涨价宣传的重点则应当通过强调过硬的产品质量、奢华的产品形象、周到的服务来提高顾客对产品价值的认知。一句话,降价进行"价格宣传",涨价进行"价值宣传"。

10.1.2　价格策略的管理

1)成立正式的价格决策、实施与管理机构

在产品价格的制定、实施与管理过程中,需要市场、销售、财务等多个部门的共同参与与合作。但是,这些职能部门由于各自的目标不同、职责不同,使得在价格策略的制定与实施过程中经常遭遇来自于部门利益的各种冲突。譬如,销售部门总是追求销量最大化,为了让产品好卖而不希望产品提价;财务部门在大多数时候也不希望提价,因为他们害怕产品卖不出去导致资金回流速度变慢,同时担心提价会增加营销成本和服务成本;而市场部门则希望避免降价销售,因为他们在价值塑造上下了很大功夫,当然希望能卖个好价钱。如今,越来越多的企业采取成立定价小组的做法来承担对产品价格进行决策、实施与管理的所有工作。

①定价小组的职责。定价小组的职责主要包括:收集和分析一切有关定价方面的信息;对消费者价格接受程度作市场调查和模拟测试;拟订产品定价方案、制定定价战略;预测竞争对手对产品价格的反应;对外发布价格;在实施价格策略的过程中协调各部门的关系和冲突,使各部门利益能够统一到企业的整体发展战略上来;对产品定价作持续跟踪,提出涨价、降价或调整定价策略的建议。

②定价小组的组成。定价小组的成员可以由财务总监、营销总监、运营总监、大客户经理、生产经理等兼任,总数控制在 5~9 人。

③定价小组的运作。小组成员在广泛占有来自于各部门信息的基础上,通过讨论对产品的定价方案达成一致意见,然后向总经理汇报。这个经过集体讨论的定价及其实施方案,由于综合考虑了产品、客户、竞争对手等因素,作出的决定更具科学性和说服力。

2)完善企业的价格信息系统,提高信息处理的速度和质量

"兵无常势,水无常形",市场瞬息万变,因而定价是个持续的过程,是个需要一

直管理和监督的过程。这就要求企业完善自己的价格信息系统,及时、准确地获取来自于与价格相关的所有信息和反馈以利于对价格策略进行调整。特别是对于那些具有很大销售潜力和利润潜力的产品、需要大幅调整价格和重新定位的产品、顾客反应和竞争反应不确定性很高的产品,价格信息的收集和处理显得尤为重要。从广义上讲,企业的价格信息系统是一个由人、计算机及信息处理程序组成的整体,其根本任务是对价格信息进行定位、定点、定时收集和处理。定位是指确定信息收集的范围,定点是指信息收集关注的重点,定时是指信息收集、整理和输出的频率节奏。为了满足这 3 项要求,企业必须明确提出对信息结构、信息编码、信息存储、信息检索的具体规定和要求,以及对不同信息的处理规范和方法等。

3) 对一线销售人员的价格折扣权加以限制

是否给予一线销售人员价格折扣权及权限在定价策略的实践中存在较大争议,持赞同意见的人认为这样做有利于提升销售动力、避免订单延误,而持反对意见的人则认为权力下放只会导致折扣泛滥、利润下滑。对这个问题的看法如今不管是理论还是实践都存在分歧,然而"仁者见仁,智者见智"的局面至少可以说明对价格折扣权的下放必须慎重对待,最好根据具体情况具体处理。如果企业决定给予销售人员高度的价格自主权,那么就一定要改进对他们的激励机制和考核办法,使其符合企业的长期发展战略方向。

最后,我们来看看风驰传媒是如何利用相关理论知识和实践经验,进行价格策略的制定、实施与管理的。

【案例 10.2】

风驰传媒的价格策略实施与管理

2004 年,我在风驰集团当 CEO,我们下属有 16 家公司,几乎每一个地区公司都是行业第一名。我提出一个战略,叫做增值提价,对我们来说,与抢占市场占有率相比,利润最大化更重要。

当我提出提价建议时,我们的总经理马上就害怕了,他向我报告说:第一,我们的行业利润比较高,消费者觉得我们赚了钱;第二,竞争对手为了快速地扩张,进行破坏性定价,打算用降价获得市场。那个时候,竞争对手确实在降价,我如果跟着下去,就意味着打价格战,价格战一旦出现,这个行业没有赢家。所以,我告诉所有人,我们不打价格战,我们必须打价值战,我们要和他们之间拉开距离,要消费者感觉到我们更有价值、更放心、更有回报。所以,不降价,反而要提价!

第一步,我们进行了产品的创新,开发新产品,在设计创意和新材料运用上下功夫,增强产品的内在价值。

第二步,我把价值计算出来,客户得到哪些价值,客户在广告之前销量是多少,广告之后销量增加了多少,他们的利润回报率有多高,我们作了大量的客户见证,给客户参考。同时我们对竞争对手进行分析,对比竞争对手的价值。

第三步,我们把目标客户重新分类。A 类:铂金客户;B 类:黄金客户;C 类:一般普通客户群体。我们推出了量身定制化产品,针对高端客户,把最好的员工、最好的资源、最好的技术、最好的设备全部聚焦在最好的客户身上,推行大客户战略。

第四步,我们把产品分类,分成 A,B,C,D 四个等级,进行差异化定价。

在新战略的施行上:首先,我给员工重新"洗脑"。2004 年,我开始对我们的分公司总经理进行培训,之后是营销副总、财务总监、定价专员,明确告诉他们:我们的产品价值,我们怎样定价,定价的误区,消费者是怎么认识的。其次,改变组织模式。我们成立定价委员会,总经理挂帅,所有的定价报到集团总部,由我审核,谁敢降价必须通过我,这是军令!再次,我改变了绩效机制。从给员工按销售收入提成,改为按毛利提成。当然,提价的毛利更高,这样员工对提价还是保有积极性。最后,还在定价上设立奖惩机制。每个月我们通过额外的利润,拿出一个百分比,针对定价委员会,对他们所作的努力,给予绩效匹配的奖励。最终的结果,我们年度的利润完成预期的 115%,当年,我们被评为中国最赚钱的广告公司之一,也被评为年度中国 25 年广告业最具影响力的公司之一。

(资料来源:李践.定价定天下[M].北京:中信出版社,2009.)

10.2　价格策略的评估

对价格策略进行评估的最终标尺应该是对利润的改善程度,这一点是毋庸置疑的。但问题的关键在于,如果使用利润标尺发现我们的定价工作做得不好,我们如何才能知道到底是哪里存在纰漏、应当如何改善呢? 本节介绍一个系统程序——定价智商评分卡,以便企业检查自己的定价智商,并且找出卓越定价应该采取的重要改进举措。

10.2.1　定价智商评分卡的基本思想

一项卓越的定价取决于 3 个要素:一是定价思维;二是有关信息的占有;三是价格管理的举措,如图 10.1 所示。

其中,要素 A"定价思维"是指企业对定价程序的看法和对价格管理的态度,反映了对价格进行分析、思考和行动的决心。定价思维是决定定价智商的基础,如果决策者不相信价格是可以管理的,不相信严谨的思考能改善定价工作,也不相信优化定价决策能够改善利润水平,那么其他一切都无从谈起。要素 B"信息占有范

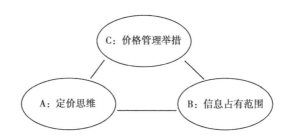

图 10.1　卓越定价的 3 个关键要素

围"是指企业对顾客和竞争对手等外部信息、对产品设计和成本等内部信息的了解程度。如果定价思维是提高定价智商的主观条件,那么信息占有的深度与广度则是提高定价智商的客观条件。要素 C"价格管理举措"是指企业在价格实施、管理过程中所采取的各种措施和手段,是确保价格策略顺利运行的关键。

10.2.2　定价智商评分卡的指标体系及评价标准

表 10.1 给出了定价智商评分卡涵盖 3 个评价要素的 10 项指标。由于每项指标的重要性因具体情况(如企业所在行业、产品定位、行业的竞争状况等)的不同而有所不同,因此该评分卡要求使用者对某些指标与实际情况的相关性进行判断。另外,企业在使用过程中,还可以根据自身的实际情况对评价指标加以删改。

表 10.1　定价智商评分卡的指标体系

评价指标	现有业绩					重要程度				
	差			优秀		很低				很高
	1	2	3	4	5	1	2	3	4	5
要素 A:定价思维										
1.①与企业整体、营销战略契合的程度										
②被企业内部人员了解的程度										
③为所有部门提供有意义指导的程度										
2.定价依据与事实之间的										
①相关性										
②准确性										
③及时性										
④分类的合理性										
要素 B:信息占有范围										
1.①顾客对产品价值的了解程度										
②顾客对产品价值差异的了解程度										

续表

评价指标	现有业绩		重要程度	
	差　　　优秀		很低　　　很高	
	1 2 3 4 5		1 2 3 4 5	
2. 竞争者反应及其手段的了解程度				
3. 产品在产品结构中所处地位的了解程度				
要素 C:价格管理举措				
1. 对细分定价的管理				
2. 对"净价"的监管				
3. 目前定价影响未来机会的程度				
4. 价格策略的宣传				
5. 法律限制的程度				

1)定价思维

对定价思维的评价来自于两个方面:

一是定价是否真正成为企业战略的一部分,用"与企业整体、营销战略契合的程度""被企业内部人员了解的程度""为所有部门提供有意义指导的程度"3 个指标进行衡量。首先,价格政策应该与更高层的战略——企业总体发展战略和营销战略高度契合,应该有助于实现企业的战略目标。因此,卓越的定价必须在了解企业总体发展战略的基础上,提出相应的营销战略——面向目标客户选择合适的产品组合及发生的相关成本,最后才将这种战略转化为有效的定价。否则,企业就可能出现价格策略与总体战略、营销战略脱节,部门各自为战的现象。如果每个部门都有自己的战略且缺乏有效的基于共同目标的沟通协调机制,那么对企业来说实际上就是没有战略,在这种情况下的定价不能发挥任何有意义的指导作用。其次,价格政策应该在整个企业内部进行宣传,以便让所有人能够真正了解,并且保证负责实施战略的相关人员不得出于个人的目的而将其随意更改甚至推翻。

二是定价的方法是否严谨、是否强调以事实为依据。我们在第 3 章中已经阐述了这样的观点:科学有效的定价必须建立在客观、翔实的数据资料的基础上。卓越的定价要求能够及时、准确地收集与之相关的市场信息,并能按有助于营销决策的方式对资料进行合理分类、归纳和总结。除了收集那些能够追踪市场情况的资料外,卓越定价还需要利用恰当的调研方法对市场进行研究,以建立所需的资料库。

2)信息占有范围

有了正确的定价思维以后,卓越定价便进入下一层次:对信息占有范围的衡量

以考察定价的"洞察力"。我们在第3章中已经提出,定价信息的搜集范围应该涵盖顾客、竞争者和产品及其成本3个方面:

一是对顾客的了解。卓越定价首先应该准确分析其产品和服务给顾客带来的价值,然后将这种价值通过有效的方法和手段传递给顾客;同时,还应了解这种价值是如何随着顾客的不同而发生变化的,以及导致这种变化产生的原因是什么,这对实现建立在价值定价基础上的细分定价是非常关键的。

二是对竞争对手的了解。卓越定价应该了解现有的和潜在的、同类的和不同类的竞争对手,了解这些竞争对手的经营战略和能力,并且这种了解应该深入到竞争对手内部及其关键决策人。对竞争对手了解得越透彻,越有利于企业准确预测各种市场竞争反应。

三是对产品及其成本的了解。对产品及其成本的了解涉及企业内部,因而相比了解顾客、竞争对手而言要容易得多。这种了解除了涉及产品成本的相关资料外,通常还需要对产品之间可能存在的各种联系如是否存在互补品、替代品,产品在产品线中所起的作用(如是主打产品还是招徕产品)等进行详细分析,即明确界定产品在总体战略中所扮演的角色与地位。

3)价格管理举措

有了正确的定价思维、一定的信息占有广度与深度后,卓越定价的实施还需要5个关键的价格管理流程。

一是对细分定价的管理。卓越定价的管理应该拥有一个可以不断捕捉细分定价机会的程序,并且能够建立有效的顾客区分屏障,以提高企业的利润水平。

二是对"净价"的监管。在定价实践中,来自于顾客的某种因素(如大客户、超强的砍价能力等)导致产品的标价往往不是实际的成交价。从标价到"净价"的这个过程,意味着大量收入的流失。因而,卓越定价的管理应该防止对价格折扣权的滥用。除此以外,还应关注从顾客那里获得的真正受益,这就需要对从某个特定顾客那里收到的"净价"与服务该顾客的成本(如免费的技术支持、销售人员为避免顾客流失而花费的各种投入等)进行权衡,有时舍弃那些低净价、高服务成本的顾客对提高企业的利润水平是有利的。

三是目前定价对未来机会的影响。为此,卓越定价的管理应该拥有一个了解市场走向的程序,知道产品价格和毛利变动的趋势,并且对企业能够采取什么样的措施来影响这种趋势了然于心。

四是价格策略的宣传。对价格策略的宣传、实施取决于产品的差异化程度、行业竞争态势、顾客类型及其分布等因素。此外,如果卓越定价的管理能够熟练运用一些营销规律和技巧,比如应该如何表达价格、如何利用产品线效应来实现企业真正想要的价格,对保证价格策略的顺利实施会起到意想不到的效果。

五是对可能影响企业定价的相关法律制度的了解。合法是对企业定价的基本要求,因而卓越定价的良好开端起源于对相关法律制度的了解、熟悉。如今,根据各国的实际情况,对产品价格的法律约束可能涉及价格法、反垄断法、消费者权益保护法等。如果定价决策者缺乏对相关法律的了解,那么咨询法律专业人士的意见是非常必要的。

必须指出的是,要素 A"定价思维"的具体评价指标受行业、企业及产品的影响较小,而要素 B"信息占有的范围"及要素 C"价格管理举措"的具体评价指标很有可能因行业、企业、产品的不同而有所不同,使用者必须根据定价实践对它们作出调整。

在建立了定价智商评分卡的指标体系之后,接下来的工作是对这些指标本身的重要程度与现有业绩进行 5 级评分。这项工作可以交给定价决策委员会讨论完成。最后,只需将两项评分结果进行对照,如果两者呈现出较强的相关性,说明企业的价格策略是有效的,否则就需要进行改进和完善。

图 10.2 显示的是一个拥有高明定价策略企业的评价指标分布,$Di-j$ 表示第 i 个要素的第 j 项指标。显然,对这个企业来讲,指标的重要性和实施业绩评价的排列高度相关,说明该企业的价格策略总体是有效的、成功的。其中,需要改进的方面包括:价格决策的数据资料依据应该更及时、更准确(DA-2);对细分定价的管理(DC-1)和"净价"的管理(DC-2)还需要加强。

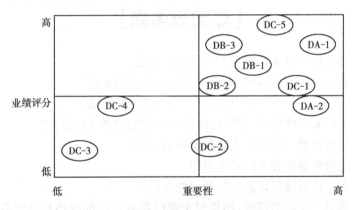

图 10.2　某实施有效定价企业的评价

与此形成鲜明对比的是,图 10.3 显示的是一个陷入定价困境的企业对自己的评价。或许在评价以前该企业并不清楚自己的问题到底出在哪里,而使用评分卡后企业陷入困境的原因及需要重点改进的方面则一览无余:首先,定价思维(DA-1,DA-2)存在严重偏差,这样导致其他方面的努力(DB-2,3,DC-3,4,5)毫无意义;其次,对细分定价还没有建立有效的价格屏障(DC-1);最后,还需要在帮助顾客建立对产品正确的价值认识方面(DB-1)多下功夫。

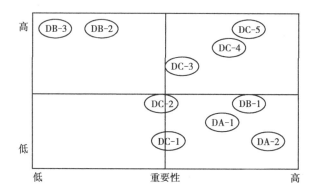

图 10.3 某陷入定价困境企业的评价

以上对定价智商评分卡的使用方法,需要注意 3 点:

一是尽量让持不同观点、来自于不同岗位的人员参与评价过程。

二是足够高的要素 A"定价思维"的得分是有效定价的前提条件,否则其他方面做得再好也失去了意义。

三是对处于对角线以下的指标需要重点加以关注,因为这些指标的执行状况是比较差的。

【复习思考题】

1.新产品的价格策略实施需要注意什么问题?

2.联系实际,说说有哪些技巧有助于涨价策略的实施?

3.联系实际,说说有哪些技巧有助于降价策略的实施?

4.你认为企业在涨价和降价时,应该如何对消费者进行宣传?

5.你如何看待对一线销售人员的价格折扣权?

6.简述定价智商评分卡的基本思想。

7.为什么定价思维是评价定价智商的基础?

8.谈谈你对这句话的理解:如果每个部门都有自己的战略且缺乏有效的基于共同目标的沟通协调机制,那么对企业来说实际上就是没有战略。

【实践练习题】

了解一个企业对一线销售人员价格折扣权的管理办法并加以评价。

参考文献

[1] 托马斯·内格尔,等.定价策略与技巧:赢利性决策指南[M].应斌,等,译.北京:清华大学出版社,2008.

[2] 汤姆·纳格,等.定价战略与战术[M].龚强,译.北京:华夏出版社,2008.

[3] 拉菲·穆罕默德.定价的艺术[M].蒋青,译.北京:中国财政经济出版社,2008.

[4] 骆品亮.定价策略[M].上海:上海财经大学出版社,2006.

[5] 青木淳.定价的力量[M].赵海东,译.北京:中国铁道出版社,2006.

[6] 李践.定价定天下[M].北京:中信出版社,2009.

[7] 罗伯特·多兰,赫尔曼·西蒙.定价圣经[M].董俊英,译.北京:中信出版社,2008.

[8] 胡其辉,等.企业定价决策[M].大连:东北财经大学出版社,2001.

[9] 翟建华.价格理论与实务[M].大连:东北财经大学出版社,2002.

[10] 王曼,等.消费者行为学[M].北京:机械工业出版社,2007.

[11] 韩大勇.营销中的定价策略[M].北京:企业管理出版社,2006.